JN087563

障害者の自立と制度

障害者の自立と制度（'24）

装丁デザイン：牧野剛士
本文デザイン：畑中　猛

s-39

まえがき

人間社会は，その構成員が暮らしていくためにさまざまな制度を生み出してきた。法制度，経済制度，教育制度，就労制度などが典型的な例である。本稿で論じる障害者に関する制度もその一例だ。障害者の自立に資する制度もあれば，そうでない制度もある。

障害者は世界人口の16%を占める。総数にして13億人，６人に１人である（世界保健機関の推計）。障害者の家族・親戚・友人を含めれば，障害に関わる人は非常に多い。加齢に伴う障害も考えると，人間誰もが障害に関わると言っても過言でない。

では，そこでいう障害とは何か。自立とは何か，そして制度とは何か。障害者の自立と制度との関係はどのようなものか。本書の目的は，これらの問いを中心に考察を深めながら，障害者のみならず万人のための制度を創るための理論的基盤を構築することにある。

制度は，慣習のようなインフォーマルな制度もあれば，法律のようなフォーマルな制度もある。前者は経済学（ゲーム理論）の観点から松井が検討し（第２章〜第７章），後者は法学（障害法学，国際人権法学）の観点から川島が検討した（第９章〜第14章）。そして第１章，第８章，第15章は二人で執筆した。

このように本書は学際的アプローチをとっている。障害学の視座を踏まえ経済学者と法学者の二人で障害を論じた書籍は本邦初である。おそらく世界的にも本書のような方法と内容を具備した書籍は皆無である。本書は，これまで松井と川島がそれぞれ単独又は共同で執筆した論文をベースとしつつ，数十回にわたる討論を経て，それらの内容を大きく発展させたものである。私たちの論文等の情報は各章の参考文献に掲げている。

以上で述べた特徴を備えた本書は，「障害者の自立と制度（'24）」と題する放送教材（TV科目）に対応した印刷教材である。放送教材では，ウィズ・コロナの中で可能な限りロケーションを行ってインタビューを実施した。スタジオ収録では計6名のゲストにお越しいただいた。いずれも各界の第一人者であり，充実した放送教材となった。この場をお借りしてインタビュイーとゲストの方々に心よりお礼を申し上げる。

2023年12月

松井彰彦・川島聡

目次

1　障害の問題は社会の問題である

松井彰彦・川島　聡

《目標＆ポイント》　本書において私たちは障害者の自立と制度を考察する。現在，障害者をとりまく制度はどのようになっているか。障害者が自立するためにはどのような制度を作るべきか。そもそも障害とは何か，制度とは，自立とは何か，といった問題を考える。たとえば，制度と一口に言っても，その言葉で人々が思い浮かべるものは千差万別である。したがって，本章では制度の普遍的な意味を探ることはせず，本書における「制度」の概要を考察する。同様に，障害，自立といったキーワードについても，本書でどのように考えるかということを議論していく。

《キーワード》　障害，自立，フォーマルな制度，インフォーマルな制度，一般制度，特別制度，障害の社会モデル，障害の医学モデル

1．人々のための制度

人間社会はその構成員が暮らしていくために，さまざまな制度を生み出してきた。法制度，経済制度，教育制度などが典型的な例である。本書で論じる障害者に関する制度もその一例である。障害者が暮らし，幸福になるためのさまざまな制度が考えられてきた。制度にはどのようなものがあるか。ここでは議論を整理するために，制度の区分の方法を**図1－1**を参照しながら論じていく。

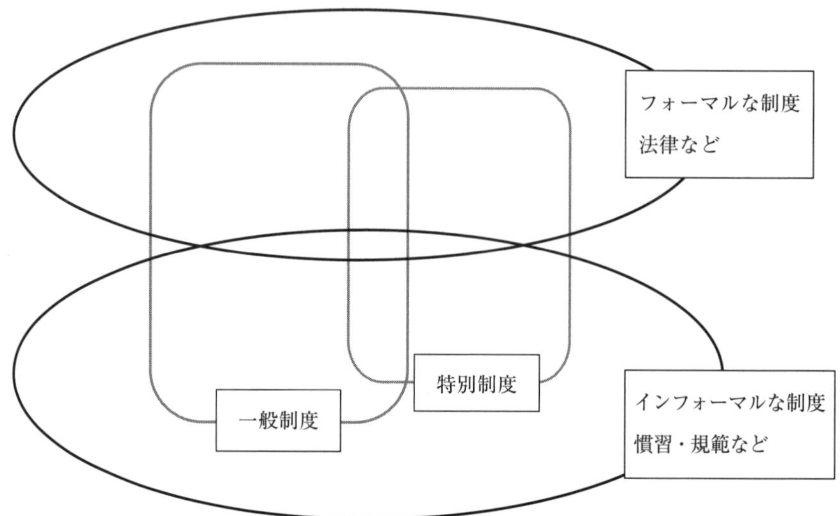

図１－１　本書における制度

フォーマルな制度とインフォーマルな制度

制度とは何だろうか。新制度学派創設に貢献し，ノーベル経済学賞を受賞したダグラス・ノースは制度を社会における「ゲームのルール」とみなす（North, 1990)。彼はゲームのルールを２つのタイプに分けて考える。１つは法的なルールや契約などフォーマルなルールである。もう１つは慣習や規範といったインフォーマルなルールである。そのように考えると，法制度のような明文化された制度のみならず，人々の行動様式（慣習など）も制度の１つだといえる。

本書ではノース流の考えに従い，制度をフォーマルなものとインフォーマルなものに分けて議論を進める。松井は障害の問題を考える上で，経済学者としてゲーム理論という理論を用いて慣習と規範を定式化してきた（松井，2002)。一方，川島は法学者として障害の問題に取り組んできた。第２章から第７章までは松井が担当し，主として慣習や規範の考え方に基づき，インフォーマルな制度の観点から障害の問題を読み解く。一方，第９章から第14章までは川島が担当し，フォーマルな制度（法制度）の観点から問題を分析する。本章，第８章，第15章は両者を統合した議論を展開する。

一般制度と特別制度

障害の問題を考えるためには制度を別の側面から切り分けることも必要となる。障害者に関する制度は大別すると２つある。一般制度と特別制度である。前者は障害者と非障害者の両方（すなわち人々一般）を対象としうる制度である。後者は障害者のみを対象としうる制度である。

教育，就労，居住，公共施設（交通施設を含む），情報，スポーツ，防災，選挙，司法手続など各分野の一般制度は人々一般を対象とするものである。にもかかわらず，歴史的に障害者は一般制度からほぼ排除されてきたため，一般制度は実質的にほぼ非障害者のみを対象とする制度となってきた。

一般制度を非障害者だけの制度ではなく，障害者と非障害者とを実質的に包摂した制度にすることが，障害者権利条約を批准した今日の日本において以前にも増して求められている。

障害者権利条約は2006年に国連総会で採択された。2007年には日本も署名し，翌2008年に発効した。日本は2014年に批准した。署名から批准まで時間がかかった理由の１つは，国内法の整備が必要とされたためである。2011年には障害者基本法が改正され，2013年には障害者差別解消法が成立した。

障害者権利条約が求めるものは，非障害者のみを対象とした一般制度を，非障害者・障害者を対象としたいわばみんなのための一般制度にすることである。しかし，人々の行動様式・慣習が変わらなければ，たとえ法制度が変わってもそのような一般制度が十分に構築されたとは言えない。

みんなのための一般制度をつくるために何をすべきか。本書では，法学と経済学がコラボして問題の本質に迫っていく。第１章では，本書の軸となる考え方，および扱う問題を紹介しておこう。

2. 障害の問題は社会の問題である

図１－２，**図１－３**に描かれた２枚のイラストを見ていただきたい。**図１－２**は階段を使って上に行こうとしているＡさんのイラスト，**図１－３**は上に行きたいが上に行けないＢさんのイラストである。みなさんはＢさんが上に行けない理由は何だと思われるだろうか。「そんなの決まってるよ。車椅子では階段を上れないからだよ」という声が聞こえてきそうである。そう，それは正しい。では，それはＢさん個人の問題だろうか。それとも社会の問題だろうか。

図１－２　階段とＡさん

図１－３　階段とＢさん

図１－４　スロープとＢさん

では，続いて次のイラスト，**図１－４**を見てみよう。このイラストでは車椅子に乗ったＢさんがスロープを使って上に行っている。Ｂさんが何も変わっていないのに，階段がスロープに変わっただけでＢさんは上に行けるようになった。Ｂさんが上に行けなかったのは階段のせいだったのだ。

いや，でも，という声が聞こえてきそうだ。社会の多くの場所では階段が上に行くための手段になっているし，多くの人はそれで上にいけるのだから，Ｂさんが上に行けなかったのは車椅子利用者だからだよ，と。そう，それも一理ある。車椅子×階段の組み合わせに問題があったのだ。

図１－５　上り棒とＣさん

また，こんな声も聞こえてくる。階段よりもスロープのほうがずっと場所もとるし，コストもかかるよ，と。しかし，コストがかかるという点では階段もなかなかのものである。この問題を見るために，われわれとは異なる世界を考えてみよう。この異世界では，社会の多くの人々はオリンピックの体操やボルダリングの選手のように，上り棒をするすると上れる人たちだ（**図1－5**参照）。そこでは２階に上がるのに階段のように場所とコストがかかるものはいらない。上り棒を何本か取り付けておけば事足りるのである。この異世界では，今の社会でのわれわれのような人間は２階にも上れない「障害者」となってしまう。

この例で伝えたかったこと，それは障害は社会が変われば変わる，ということだ。その意味で障害の問題は社会の問題でもあるのである。

障害の社会モデル

このことをいち早く見出して，作られた新しい分野が障害学（disability studies）である。障害学は，1980年代に英米で登場した。障害学は，障害当事者の主張を重視し，障害者の不利益の解消に学問的に貢献するという役割を担っている。日本では2003年10月11日に障害学会が発足した。

障害学が依拠する視点を「障害の社会モデル」という。「障害（disability）」は多義的な言葉である。「障害の社会モデル」にいう障害は，「不利益（disadvantage）」を意味する。「不利益」は，社会に平等に参加できないことや，日常生活・社会生活に制限を抱えている状況などをさす。法的文書では，「障害」を「心身の機能の障害」の意味で用いる場合もあるし，「不利益」の意味で用いる場合もある。

先の図にあるＢさんは，階段があるせいで上に行けないという「不利益」を受けていた。この「不利益」を生じさせた原因は２つある。Ｂさんが足に機能障害があり車いすを利用していることと，階段という社会的障壁があることである。社会モデルは，これらの２つの原因のうち社会的障壁のほうに問題があるとする。社会的障壁が除去されれば，障害者は機能障害をもったままで社会に参加できるのである。

これに対して，Ｂさんの足に機能障害があることが問題の所在なのだという見方もある。この見方を「障害の医学モデル」（障害の個人モデル）という。従来，医学モデルがどの社会でも優勢であった。Ｂさんの足から機能障害がなくなりさえすれば，Ｂさんは階段を上ることができ，Ｂさんの「不利益」もなくなる。だから機能障害を克服すべきである，というのが医学モデル的な発想である。これを批判して社会モデルを打ち出したのが，障害者運動の主張を重視する障害学だ。

社会モデルの考え方は，日本では2011年の障害者基本法の改正時に採用された。改正前の基本法に含まれた障害者の定義は，障害者の生活上の制限（不利益）が生ずる原因を障害（機能障害）のみに求めていた。つまり，医学モデルに基づいていたということだ。しかし，改正後の基本法に定める障害者の定義は，障害者の生活上の制限（不利益）が生ずる原因を障害（機能障害）と社会的障壁の両方に求めることになった。この定義は社会モデルの因果的視点を反映し，実質的に社会的障壁の問題性を重視していると考えられる。

ただし，改正後の基本法に定める障害者の定義で用いられている「障害」という言葉は「不利益」ではなく「心身の機能の障害」を意味する。改正後の基本法は，用語法としては社会モデルを反映していないが，因果的視点としては社会モデルを反映している。用語法ではなく，この因果的視点が社会モデルの要である。

合理的配慮

改正後の基本法に定める障害者の定義は，2013年に成立した障害者差別解消法にも採用された。そして，改正後の基本法と障害者差別解消法は，とりわけ合理的配慮の不提供を差別と定めたため，注目を集めた。合理的配慮はバリアフリー（社会的障壁の除去）の一種である。たとえば，先の図のＢさんのために，階段（バリア）にスロープをつけること

（フリー）が合理的配慮である。

合理的配慮は，そもそも障害者権利条約に定める英語の“reasonable accommodation”の訳語から来ている。別の訳語のほうが良いのではないかという論争もあるが，この訳語は少しずつ日本に定着してきている。

合理的配慮が行われるプロセスは，個々の障害者が，合理的配慮が必要であるとか，社会的障壁（バリア）があって困っているなどの意思を相手方に表明してから基本的に始まる。なぜなら，相手方は障害者がどのような配慮を必要としているか分からないからだ。

障害者が意思を表明した後に，障害者と相手方との間で，合理的配慮の提供に向けた話し合い（建設的対話）がなされる。それから，相手方が障害者に合理的配慮を行うことになる。このように合理的配慮は個々人の状況に応じたものであるところに特徴がある。これが合理的配慮とは個々人に応じたバリアフリーだと言われる所以である。

合理的配慮は，相手方に過重な負担を課すものではない。もし過重な負担を伴うような配慮であれば，その配慮を相手側は行う必要はない。何が過重な負担かは社会の中で変化していく。

障害の問題は社会の問題を映し出す鏡である

目の見えない人がホームから転落するといういたましい事故が多発している。しかし，ホームから転落するのは視覚障害者だけではない。転落事故は令和元年で3,000件近く起きている。うち視覚障害者によるものは60件超となっている。ホームの端が怖いのは視覚障害者だけではない。大都市のラッシュアワー，人々がホームにひしめいている状況ではホームの端を歩くのは結構勇気がいる。気になる人は後ろから悪意がないにせよ，押し出されるようにして線路に落下することを怖れるだろう。

もちろん目の見える人にとってのホームの端の怖さは目の見えない人にとっての怖さに比べれば断然軽いだろう。目の見えない人が遭遇してしまう事故は，目の見える人が感じる恐怖心を可視化しているのである。

子どものころ，学校に行きたくないと思った人は多いのではないだろうか。授業中にじっと座っていることが苦痛の子どもも多かったに違いない。かくいう著者の一人である松井もそんな子どもだった。仕方ないので，授業中はよく寝ていたし，つまらないゲームを独りで作って遊んでいた。見つかると大目玉だ。授業中に漫画を読んでいて，没収されてしまったこともある。中には，座っていること自体が苦痛で授業に出られなくなったり，学校に行けなくなったりする子どももいるだろう。授業は教室でおとなしく座って聴くもの，という考えを嫌がる子どもが多いことは表面化しにくい問題だが，発達障害者はその問題を見えるようにしてくれる（可視化する）のである。

障害者が直面する問題の多くは，このように障害がない人にとっても問題であることが多い。ただ，日常生活や学校生活を送れなくなるほどではないから問題にしないだけだ。

図１-６　エレベーターの設置

障害の問題の解決は社会の問題の解決につながる

前節までの議論を踏まえれば，障害の問題を解決することは，社会の問題を解決することにつながる。典型的な事例はエレベーターの設置である。現在多くの駅に設置されているエレベーターは，かつて障害者たちが主張して勝ち取ってきたものだ。エレベーターがあることで駅の「障害」はなくなる（これをバリアフリー化という）。その結果，階段の上り下りに困っていた人々――ベビーカーを使う人，心臓の弱い人，疲れ切ってしまった人，けがをした人――が困らずスムーズに駅を使えるようになった。いや，ベビーカーの普及も駅のバリアフリー化によって進んだとさえいえる。

先述の駅ホームからの転落事故に関しても同様のことが言える。視覚障害者の転落事故を防ぐためのホームドアの設置は，その他の人々の事故も減らすことができる。障害者が暮らしやすい社会はみんなが暮らしやすい社会でもあるのである。

広義の障害

本書では次節で見るような障害者――日本で言えば障害者手帳を所持している人（狭義の障害者）――の他，難病者など社会の制度のために不利益を被っている多くの人が直面するバリアも障害と呼ぶ。すなわち，本書で扱う個別事例の多くは狭義の障害を対象にしたものであるが，その含意や分析の論理は広義の障害を念頭に置くことが多い。

3. 日本の障害

日本は障害者手帳制度という制度を用いている。障害者が障害者と認められるためには，自治体に申請して手帳を得なくてはならない。障害には大きく３つの種別（障害種）がある。身体障害，知的障害，精神障害である。

令和４年版障害者白書（内閣府，2022）によれば，身体障害者436万人（3.4％），知的障害者109万４千人（0.9％），精神障害者419万３千人（3.3％）である。複数の障害を併せ持っている者もいるが，国民のおよ

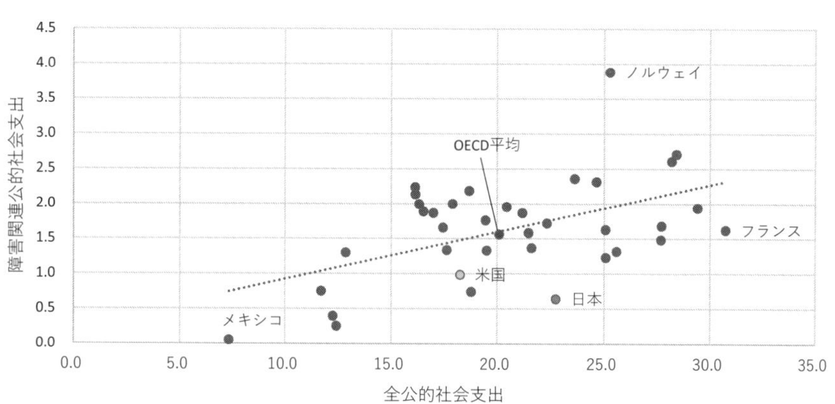

図１－７　社会支出（OECD.Stat（2023）に基づき著者作成）

そ7.6％が障害を有しているとされる。

次に，障害関連施策に対する政府支出を見てみよう。**図１－７**は，公的社会支出および障害関連支出の対国内総生産（GDP）比をOECD諸国に関してプロットしたものである。日本の全公的社会支出は対GDP比22.8％とOECD平均の20.1％に引けを取らないものの，障害関連支出に関しては0.6％とOECD平均の1.6％と比べて少ないことが見てとれよう。

障害者は，議論の余地はあるものの，教育現場や福祉施設においては相対的に配慮されている。たとえば，小中学校においては，平均15名の児童生徒に一人の教師がつくが，特別支援学校においては，1.7名の児童生徒に一人の教師がつく（文部科学省，2015）。しかし，いったん障害者が経済社会に入ろうとすると，そこには禁止的な障害が横たわっており，それに対する公的支援は薄い。

就業に対する公的支援の欠如を見るのは困難なことではない。障害者施策予算に関する公的資料によれば，全体の予算額は約1.93兆円であった。このうち，福祉サービス関連が1.32兆円，健康医療支援が0.38兆円，（自立生活支援を含む）就労支援はわずか0.21兆円であった。

さらに問題を見るために，厚生労働省の障害関連支出を見てみよう。2019年度の障害保険福祉部の予算は約２兆円であり，うち1.5兆円が障害福祉サービス関係に配分されている。この中に「障害者に対する就労支援の推進」という項目があるが，ここに振り分けられている予算額は14億円に過ぎない。

図１－８は，18-64歳における就業率を障害種別に示したものである。これはわれわれの研究チーム，Research on Economy And Disability（READ）が 2009-10年に行ったものである[1]。

図１－８を読み解くために，まず日本においては，（とくに主たる生計維持者の場合）正規労働と自営業が「良質な職」とみなされていることに着目しておきたい。契約職は家計において，二次的ないし補助的な職とみなされることが多く，福祉的就労は障害者のためのものと考えられている。福祉的就労の場合，以下のデータで示すように，時給は極めて低い。

障害者全体の就業率（福祉的就労を除く）は，全人口よりも低い。全生産年齢人口の約51％が正規労働ないし自営業であり，就業率はおよそ72％である。それに対し，障害者は，およそ28％のみが正規労働ないし自営業であり，就業率も65％と低い。加えて，非正規雇用にも入らない福祉的就労を除くと，就業率は47％と半数を割り込む。

障害者間でも種別による違いは明らかにある。身体障害者は正規・自営が39％と，精神障害者13％，知的・発達障害者15％と比して高い。知

1　READは学術創成研究費の支援を受けた研究チームである（研究代表者：松井彰彦）。この調査は2009年７月から2010年12月にかけて，郵送方式によって行われた。サンプルは各種障害団体の18歳以上の構成員から抽出された。総計2272部の質問票の配布がなされ，1331部が回収された（回収率58％）。全人口に関するデータ（「全体」）は2007年就業構造基本調査（総務省）による。

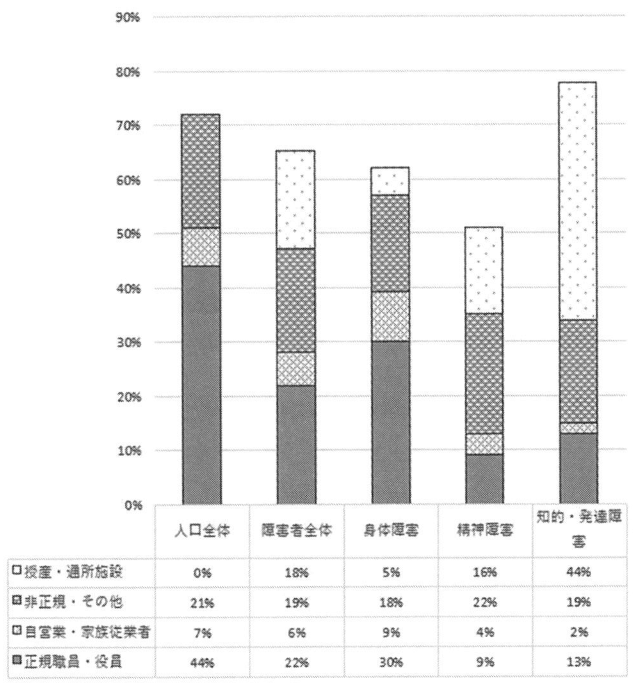

注）労働雇用施策の対象年齢が15歳以上64歳以下（生産年齢）であるため，64歳以下のサンプルを用いた
人口全体の統計は2007年就業構造基本調査による

図１－８　障害種別の就業率（松井他（2012）を元に筆者作成）

的・発達障害者の就業率は高いものの，福祉的就労といわれる授産・通所施設での就労が44％と高い。

知的・発達障害者の就業率は人口全体より高い数字が出ているが，この数字には注意が必要である。**図１－９**は知的障害者の月収分布である。2000年当時の最低賃金は約700-800円／時間であり，これを月当たり（４週×５日×８時間）に換算すると，およそ112-128千円／月となる。知

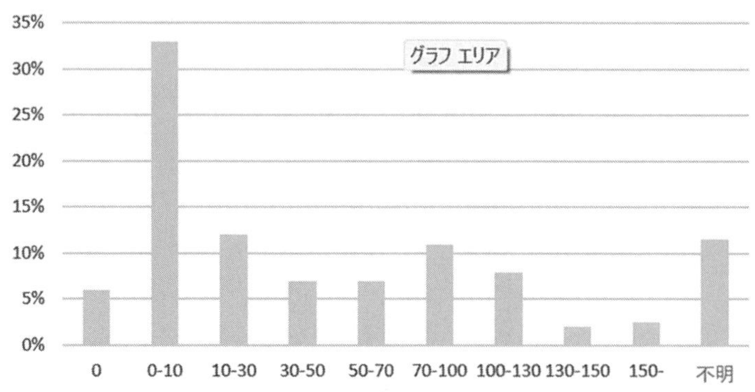

図１－９　知的障害者の月収分布（単位千円，出所：厚生労働省（2000））

的障害者で130千円稼いでいる者は約５％いるものの，知的障害者のほぼ半数が月１万円も稼いでいない。これは先刻見たように知的障害者の多くが当時の授産・通所施設（現在の就労継続支援Ｂ型事業所）で働いており，最低賃金の制約から外れていることが主な理由である。

4. 障害者の自立

障害者の自立の必要性が唱えられるようになってきた。しかし，障害者の自立とは何だろう。いや，そもそも自立とは何だろう。本書では市場の重要な役割の１つが障害者を含む人々の自立を促すことにある，ということを示していく。本節の議論に関しては第７章で詳述する。

依存の多さが自立につながる

障害の当事者研究の第一人者である熊谷晋一郎さんの話を聞く機会があった。熊谷さんは，東京大学先端科学技術研究センターに所属する小児科医。生後すぐの高熱が原因で障害者となり，現在でも車椅子の生活だ。

彼の母親は熊谷さんの教育に情熱を注ぎ込んだ。医師の指示のまま，健常者と同様の動きを要求され，うまくできないと叱られもした。ある時，熊谷さんはふと思った。「このままじゃ，ぼくは母が死んだら死ぬな」と。

親の反対を振り切って山口県から上京し，一人暮らしを始めたのが18歳，大学生になったときだった。「自立した」と感じた。もちろん，さまざまな支援が必要な熊谷さんの生活は非障害者が思い浮かべる意味での「自立」とは異なるかもしれない。では，何が自立を感じさせたのだろうか。

「自立」は「依存」の対極である。熊谷さんは母親依存から脱却して，自分で自分の生活を組み立てるようになる。現在，熊谷さんの支援者はリストにあるだけで数十人に上る。必要に応じて，彼らに支援を要請するが，特別な一人に負担をかけることはない。太いが切れたら終わる一本の命綱に頼っていた生活から，ゆるいつながりで形成された支援の網の目に支えられる生活となったのだ。熊谷さんは言う。「依存先が十分に確保されて，特定の何か，誰かに依存している気がしない状態が自立だ」。たくさんのものに支えられている状態が自立なのだ。

この自立をいかに実現していくか。どのような制度の下で自立が可能となるのか。そもそもどのような制度の下でだれが障害に直面するという意味での障害者となるのか。この辺りのことを軸にみなさんと学んでいければと思う。

学習課題

・障害の問題が社会の問題であるとはどういうことか。簡潔にまとめてみよう。

参考文献

・厚生労働省. (2000).『知的障害児（者）基礎調査』.

・厚生労働省. (2017).『平成29年度障害保健福祉部予算案の概要』. http://www.mhlw.go.jp/file/05-Shingikai-12601000-Seisakutoukatsukan-Sanjikanshitsu_Shakaihoshoutantou/0000147371.pdf, 最終閲覧日：2023年１月14日

・内閣府. (2022). 令和４年版『障害者白書』.

・松井彰彦. (2002).『慣習と規範の経済学: ゲーム理論からのメッセージ』. 東洋経済新報社.

・松井彰彦, 両角良子, 金子能宏, 加納和子, 河村真千子, 澤田康幸, 田中恵美子, 長江亮, 長瀬修, 森壮也. (2012).『障害者の日常・経済活動調査（団体調査）調査報告書』. Research on Economy And Disability (READ).

・文部科学省. (2015).『チームとしての学校の在り方と今後の改善方策について（答申（案））』. http://www.mext.go.jp/b_menu/shingi/chukyo/chukyo0/gijiroku/__icsFiles/afieldfile/2015/12/28/1365606_3_4.pdf, 最終閲覧日: 2023年１月14日.

・North, D. C. (1990). *Institutions, institutional change and economic performance*. Cambridge university press.

・OECD. (2023). *Statistics on social spendings*, https://data.oecd.org/socialexp/social-spending.htm, https://data.oecd.org/socialexp/public-spending-on-incapacity.htm, 最終閲覧日：2023年１月27日.

2 障害と慣習

松井彰彦

《目標＆ポイント》 前章は障害が社会の問題であるという観点から制度について論じた。本章はこれを受けて，障害とインフォーマルな制度である慣習との関わりを論じる。そして，それを分析するゲーム理論の考え方を導入する。

《キーワード》 慣習，作られた障害，色覚特性，ゲーム理論，女心と秋の空

1. 障害と慣習[1]

エスカレーター

都市部でエスカレーターを見るのが面白い。何もエスカレーターの物理的側面の話をしているわけではない。面白いのはその乗り方である。よく目にするのは，一部の人々がエスカレーターに立ったまま乗っていて，他の人々が歩いている光景である。日本人はある種の慣習を作り出した。それは，立つ人はエスカレーターの一方の側に乗り，歩く人は他方の側を歩く，というものである。どちらの側に立つかというのは，地域によって異なる。東京では，左側に立ち，右側を歩く。一方，大阪では，右側に立ち，左側を歩くのである。

歩く人の邪魔をしないという日本人のモラルからすると，東京と大阪，どちらのやり方も「安定的な」慣習となる。もし皆が左側に立つのであれば，自分も左側に立ったほうがよい。右側の場合も同様である。人々

1　本章の議論は一部の節（注２を参照）を除いてMatsui（2019）および松井（2002, 2010）による。

が左側に立つか，右側に立つかは本質的な問題ではない。重要なのは，他の人と同じ側に立つということである。いったんそのような慣習が成立すると，外力でも加わらない限り長く続くこととなる。人々は，とくに考えることもなく，その慣習に従うことになるのである。(例外は新大阪駅である。この駅には東京から大勢の人がやってくるため，エスカレーターの左右どちらに立つべきか迷ってしまうことになる)。

近年，この慣習に大きな外力が加わった。自治体がエスカレーターには両側に立って乗り，歩いたり走ったりしてはいけないという，新たな規則を課すと決めたのだ。この規則はエスカレーターで立っている人の杖に歩いてすり抜けようとする人がぶつかって転倒事故が起こったりしたことに対して設けられたものであった。この動きは，長い間行われてきた慣習を変えようとする試みであった。慣習と規則の戦いと言ってもよいだろう。

慣習を覆すような規則が設けられると，それまで無意識のうちに従っていた慣習について考え始めることとなる。利用者が左右並んで立ったほうが効率的ではある。しかし，多くの人は自分が最初に（東京では）右側に立つ人にはなりたがらない。誰かに背後から歩いてこられるのを嫌うからかもしれないし，右側は歩く側と自然に思っているせいかもしれない。いったん誰かが右側に立ち始めれば，それを真似て右側に立つ人が増えてくる可能性もある。

われわれは，朝の挨拶，テーブルマナー，適切な身だしなみなど，数えきれないほどの慣習に囲まれている。慣習があると，一から物事を考えなくてすむ。われわれが新しい環境で疲れてしまうのは，人々の行動様式を学ぶために余計な時間と努力を要するからである。

慣習の中心的な性質の１つは，多くの人がある慣習に従えば従うほど，自分もそれに従ったほうがよい可能性が高まるという点だ。すべての人がおじぎをするなら自分もおじぎをしたほうがよいし，すべての人が握手するなら自分も手を差し出したほうがよい。

しかし，人々は慣習に盲目的に従っているわけではない。確かに，日々の生活において慣習のことを意識することは少ないかもしれない。しかし，ある特定の慣習に従うよう求められたときには，さまざまなことを勘案して意思決定を行うだろう。

また，慣習が揺さぶられるときには，新しい行動をとるべきか考えるだろう。2020年に勃発した新型コロナの流行により，握手は欧米でもしばらく控えられていた。慣習が大幅に修正を余儀なくされた例といえよう。

中央政府による障害者水増し雇用

慣習は，それに対応するフォーマルな制度である規則が変わったとしても，それに応じて変わるとは限らない。とくに，人々の考えが変わらないままだと，慣習も維持されがちになる。

2010年代に，障害関連の法案が多く改正・公布された。障害者雇用促進法，障害者基本法，障害者差別解消法などである。

この動きは，国連の障害者権利条約（Convention on the Rights of Persons with Disabilities（CRPD））に呼応したもので，日本では2014年に批准されている。たとえば，障害者差別解消法では，CRPDにおけるキーワードの１つである「合理的配慮」が，直接･間接差別に加えて，導入された。これらの法令にもかかわらず，政府内でも差別は続いた。たとえば，朝日新聞（2018年10月27日付）によれば，少なくとも28の地方自治体と複数の中央省庁が，障害者の職員を募集する際に「自力で通勤できること」などという条件を課していたことがわかった。たとえば，財務省は，「自力により通勤ができ，かつ，介護者なしで業務の遂行が可能であること」としていたという。

これに対して，本書著者の川島聡は次のように語っている。

> 差別する意図がなくても認識不足であれば，いわゆる「無意識の差別」といえる。障害者雇用促進法が改正されてから時間がたつのに，偏見や無知が社会に根深く残っている証拠だ。一方，採用条件を修正しても，実態が伴わなければ意味がない。（京都新聞，2018年11月2日付）

中央省庁や地方自治体はこれに応じて，募集要項を修正するであろう。しかし，募集要項を変えたとしても，自力で通勤できない人を雇用する気がなければ，いくらでも不採用にすることは可能だ。その場合には，規則や法の変化は絵に描いた餅に過ぎなくなるのである。

2018年夏には，厚生労働省が衝撃的なプレスリリースを行った。いわゆる中央省庁による障害者水増し雇用問題である。少し背景から説明しよう。

日本政府は，民間事業者ならびに政府に対し，障害者の割当雇用を課している。経済学の観点からは，この割当ては民間事業者に対する，税・補助金制度と同様のものである。割当雇用率は，民間事業者に対しては2.2％，政府機関に対しては2.5％に設定されている（2020年４月現在）。民間事業者は，割当て雇用数を下回ると，一人当たり５万円の納付金を支払わなくてはならない。一方，割当て雇用数を上回ると，一人当たり２万７千円の調整金を受け取ることができる。たとえば，ある企業が1,000人の従業員を雇用していたとすると，障害者の割当て雇用数は22人となる。仮に，当該企業が19人の障害者を雇用していたとすると，月額５万×３人＝15万円の納付金を支払うこととなる。一方，当該企業が

25人の障害者を雇用していたとすると，月額2.7万×３人＝8.1万円の補助金を受け取ることとなる。政府機関は単位ごとに割当てを満たす必要があるものの，その公的性に鑑み，税・補助金制度には服さない。

日本経済新聞（2018年８月29日付）は中央省庁における実際の障害者雇用者数は3,407名と，報告された雇用者数6,867名の半分未満に留まっていると報道した。さらに，この虚偽報告は**表２－１**にあるように，広範囲かつ組織的であった。

中央省庁や地方自治体は，法や規則を率先して守るべきであるにもかかわらず，規則の変更を真剣に捉えていなかったように思われる。このように，表面的には新しい規則を遵守しているように見えても，実践的には過去の慣習を保持することがある。これらの政府機関の行動は，法と慣行との間に齟齬（そご）が生じぬよう監視する必要があるのである。

表２－１　主な省庁の障害者雇用人数
（出所：日経新聞2018年８月29日付）

省庁名	雇用人数	再点検前
外務省	25	150
環境省	15	46
文科省	16	51
国税庁	389	1411.5
国交省	286.5	890
総務省	40	110
財務省	94.5	264.5
法務省	262.5	802
経産省	52	153.5
防衛省	201	516
内閣府	29	56
農水省	195.5	364
気象庁	65	112
全体	3407.5	6867.5

（注）人数は障害の度合いや勤務形態により0.5人分として算入することがある

新しい慣習は新しい考えと行動とともに生まれる。慣習や考えの変革は，上述したエスカレーターの例のような日常の問題だけでなく，障害者雇用のような社会経済的な問題でも不可欠である。エスカレーターでは，両側に立つ人が増えれば，新しい慣習が形成されやすくなる。同様に，（テレワークも含め）オフィスで働く障害者が増えれば，彼らに対する差別も減っていく。障害関連の問題は社会の問題として理解されなくてはならない。ときによっては社会によって障害がつくられることすらある。次節で１つの事例を見よう。

2. 『そんな色はない』～障害は作られる[2]

制度によって人々の行動は変わる。そして，人々の行動が制度そのものとなる。それだけではない。制度によって何が「障害」かということも変わる。これは**第２章**から**第７章**，すなわち本書の前半部分を通したテーマとなる。ここでは色覚特性の話を用いてこの問題を紹介しておこう。

我々の研究チーム「社会的障害の経済研究」で，不完全ではあるものの色覚障害に関するページをウェブサイト（色覚動画チーム：冨田佳樹・丹羽太一・塔島ひろみ，責任者：松井彰彦）に載せたところ，瀬戸内地方に暮らす男性当事者の方と詳しくやりとりする機会に恵まれた。ご本人の快諾の下，内容を一部紹介したい（引用箇所では原文のまま「色盲」という用語を使用している）。

「小学校の美術の時間は辛い時間でした。『そんな色はない』，『そんな色はしていない』と言われ続けていました」という男性は，家の中でもその話はタブーで「非常に自己否定的な感情を持って」いたという。しかし，中学三年生のとき，「数学の先生も色盲である」と知ったことで転機が訪れる。「先生も『自分もだ』と述べ，人口の５％程度は色盲であり，特に文化人に多いのだ，と教えられ…個性の１つとして相対化できるようになるきっかけを与えてくれました。この転機が訪れるまで，色盲であることは覆すことのできないディスアドバンテージでした。いまでは，取るに足りない不具合または不便，と考えるに至っています」

2　本節の議論はMurakami（2023）による。

かつて「色盲」と言われていたＤ型Ｐ型色覚の人は，合わせて日本人男性の約５％，女性の約0.2％存在する。この色覚は，「異常」「障害」ではなく，多数派色覚のＣ型と型が異なるにすぎないという考え方から，「色盲」という表現は現在廃止され，雇用時の差別も禁止されるようになった。しかし社会の「色」自体は，ほとんどＣ型用にデザインされたまま変わっておらず，差別がなくなっても生きにくさはあまり改善されていない。たとえば交通信号，地下鉄路線図，地図の色分けや道路標識などは，ほとんど「赤」と「緑」の色相差に敏感であるＣ型にとっての「色境界」をもとに，デザインされている。

歴史的経緯をお話しよう。色覚異常について書いた最初の科学者はジョン・ダルトンである。1794年のことだ。しかし，色覚異常が注目されるようになったのは，電車が発明され，カラフルな電車の信号が設置されるようになってからである。

1839年頃，英国パディントン～ウェスト・ドレイトン線にカラフルなランタンが付いた汽車信号が設置された。1850年代には，赤は「危険」，緑は「注意」，白は「異常なし」を意味するようになる。特に交差点などでは，運転士がランタンの色を識別して安全に運転できるようにする必要があった。

色覚検査が医師の共通の関心事になったのは，スウェーデンのラーゲルランダ事故とフリチオフ・ホルムグレンの仕事からである。Ｄ型Ｐ型の人の職業制限の発端として，ラーゲルランダの列車衝突事故は有名である。この事故は1875年11月に起こった。スウェーデン国鉄の２つの列車が衝突し，９名が死亡した事故である。この事故は，実際には色覚障害が原因ではなかったとされているが，当時，スウェーデンのウプサラ大学の生理学者だったホルムグレンは色覚障害のスクリーニング・ツールを発明し，これを売り込むためか否かは議論の余地があるにせよ，現在では疑問符のつく実験を行って,「色覚障害者」排除のコンセンサスを作りあげた。

色覚障害が事故の本当の原因かどうかは別として,色覚障害者を産業界から排除する考え方と方法は,他の国にも広がっていった。1877年にスウェーデン海軍とドイツの鉄道会社,1879年にアメリカの鉄道会社,1894年にはイギリス貿易委員会がスクリーニングを採用する。

日本では20世紀における高等教育の入学試験に強い影響を与えた。日本において入学試験は社会の能力観が反映される制度である。かつて日本の多くの大学の入試は,特定科目のペーパーテストと身体検査で構成され,大学入学希望者はその両方をクリアしなければならなかった。また,色の識別は必然であるとする学部もあり,色覚検査に合格することが必要であった。

日本の教育制度における色覚検査の歴史は,20世紀初頭に石原忍が発明したスクリーニングテストにさかのぼる。この発明により,学校での健康診断で色覚障害の検査が容易にできるようになった。石原の発明の後,日本政府は学校の定期健康診断で色覚障害のスクリーニングテストを実施する法律を制定した。また,高等教育機関では身体検査が行われるのが一般的であった。この身体検査に色覚障害の検査も含まれていた。実際,1980年代後半まで,多くの大学で実施されていた。

しかし,眼科医の高柳泰世が「色覚障害はやめよう」と主張したことで,色覚障害に基づく差別的な入試制度は突然廃止された。政治力ではなく,その訴求力によって彼女は多くの学校の入試制度を変えたのである(高柳(2014)参照)。

D型P型色覚にとっては,「赤」や「緑」はある特徴のある色ではなく,「赤」「緑」という色の名前自体が意味を持たない。一方,D型P型色覚の人にとっては明確に異なる二つの色が,C型にとっては同じ「緑」,

同じ「赤」に見えたりする。つまり，Ｄ型Ｐ型にとっての「色境界」をもとに社会がデザインされたとき，その社会ではＣ型は信号，標識，地図を見分けることのできない「色盲」になるのである。

少数者に配慮し，自然体で接する社会は多数者にも暮らしやすい社会だ。いや，多数＝少数という言葉自体が私たちを区分けし，不要な偏見を生み出す。私たちはみな，何らかの形で社会に合わせている。それが過剰になれば，息苦しさを感じ，みんなが暮らしにくい社会になってしまう。「ふつう」から外れた人は少数者となり，暮らしにくさのみならず，偏見にも悩むことになる。さらに，ある少数者を「ふつう」に近付けようとすると，他の少数者がそれを応援するどころか妬むことすらある。

そうそう，前述の瀬戸内の方が私とのやりとりの後，わざわざ瀬戸内海の島の絵を描いて送ってくださった。また，同じときに撮ったという写真もあわせて送ってくださった。

ご本人によると，色の違いは濃淡として認識することが多いという。実際，幼いころ，茶色は赤色を濃くしたもの，紫は青色を濃くしたものと思っていたという。一方，Ｃ型の私は濃淡よりも色彩に目を奪われがちだ。薄い青も，濃い青も青として認識してしまうのだ。

彼と同じように，色彩に目を奪われず，濃淡をはっきり見るために，ご本人の了承のもと，絵と写真をPCで白黒に変換させていただいて驚いた。筆者には見えなかった海の濃淡がそっくりなのだ。それを見て，瀬戸内地方への旅行を思い出した。日が沈むと色は次第に衰え，星が瞬きだす。全てが濃淡の世界になり，島影がくっきりと夜空に浮かびあがる。私たちの住んでいる社会で色覚障害者と呼ばれる人は，あの光景を私よりもはっきりと，美しく見られる人なのかもしれない，と思った。

3. ゲーム理論的アプローチ

慣習や規範といったインフォーマルな制度をどのように分析するか。本書ではゲーム理論という理論を用いる。より詳しい議論は次章に回すとして，本節ではその考え方を概観しておくこととしたい。

ゲーム理論は主体間の関係を論理的・数理的に分析する学問である。ここで，「主体」はさまざまな形態をとりうる。主体の最も自然な例は人間である。経済学においては，人間のみならず企業なども主体として分析される。また，政治学においては複数の国家が主体とみなされることもある。

ゲーム理論は社会や市場を与えられたものではなく，進化していく制度とみなすこともある。ゲーム理論を用いることによって，われわれは障害者を劣っているからという理由ではなく，多数派と異なるからという理由で困難に直面する者と捉えることができる。

中には，人間関係はとても複雑なので，整合的かつ論理的手法によって研究することは不可能だと考える方もおられるだろう。しかし，複雑な現象を研究してきた科学分野は数多くある。たとえば，3か月後の気象予報を行うことは難しい。それと同様に，近い将来の人間行動を予測することは難しい。この点で，自然科学と社会科学は予測の困難さという共通点がある。しかし，気象予報と人間行動の予測の間には1つ大きな相違点がある。この相違点こそが前者と比して後者をより難しいものとしていると同時に，ゲーム理論をユニークかつ魅力的な学問にしている。この点を次に見ていこう。

女心と秋の空[3]

人が2人以上いると人間関係が生まれ，愛や憎しみが芽生える。ゲー

---

[3] 「女心と秋の空」のほかに「男心と秋の空」という表現もある。本章ではインターネットのグーグル検索でのヒット数がより多い前者を用いた。

ム理論は人間関係を分析するために生み出され，発展してきた。

　というわけで，恋愛と学問を比べてみよう。どちらも難しいことに変わりはない。たとえば気象学を例にとってみる。この学問，科学技術や観測地点が昔に比べて飛躍的に改善されたにもかかわらず，肝心の予報となるとあまり精度が向上していない。長期予報となると，もう絶望的。正に「来年の話をすると鬼が嗤（わら）う」くらい予報は難しいのである。

　それでも学問は「進む」。少しずつだが，気象現象を読む精度は上がっていく。たとえば，気象庁（2023）によれば，「上空約5,000～6,000ｍの高度に相当する500hPaの高度の予報は，1980年代半ばの１日予報が現在の３日予報と同程度の誤差です。また，台風の進路予報も，1990年代前半の３日予報より現在の５日予報の誤差が小さくなっています」とのこと。この精度向上に寄与しているのは，「数値予報モデルの精緻化，解析手法の高度化，観測データの増加・品質改善，そして数値予報の実行基盤となるコンピュータの性能向上」（同）であるという。いつも当たらないと思っている天気予報だが，着実に進歩しているのだ。

図２－１　天気を読む

　恋愛はどうか。天気を読むのと同様，恋愛では相手の気持ちを読むことがともかく大切である。相手が自分のことをどう思っているか。自分のことをきちんと理解した上でデートに誘ってくれるのか，恋に憧れているだけなのか，単なる遊びか。相手のことを好きになればなるほど，いてもたってもいられなくなる。で，ぼくたちは昔に比べて相手を読む精度が上がったのであろうか。あるいは，恋愛上手になったのであろうか。

相手を読む？恋愛は出会いがしらよ，と言われる方もいるだろう。フェロモンの働きと「恋愛遺伝子」の配列で決まるのさ，と主張される方もいるかもしれない。山元大輔『恋愛遺伝子』（山元（2001））によると，DNA解析が進むにつれて，カップルとDNAとの関係も少しずつ明らかになっているという。もちろん出会いがしらや相性の大切さは否定しない。しかし，多くの人が（小学校時代の初恋はご愛嬌としても）高校時代や大学時代の恋を成就できない現実を思うとき，学習の大切さにも目が向かざるを得ない。

民俗学の研究でも，恋愛結婚が幅広く行われ，それが単なる出会いがしら以上のものであったことは，かなり以前から認識されている。柳田國男はつぎのように語っている。

> 恋がトリスタンとイゾルデのように必ず生まれぬ前から指定せられているものならば，これは問題とするに足らなかったであろうが，もしも各自の心をもって右し左すべきものなりとすれば，かねて法則をもって学んでおくことは安全であった。
>
> それも情味のないただの理論ならばあるいは応用に失敗したかもしれぬけれども，これは実例を言葉に引き当て，または言語でも描かれない表情法をもって一々実地に解説する久しい経験の集積であった
>
> ——柳田國男『明治大正史世相編』第８章「恋愛技術の消長」

「恋愛教育の旧機関」と題されたこの節では，柳田國男は若者組とか処女会といった村の男女の集まりが，恋愛技術を磨く上で重要な役割を

果たしたと述べている。そこでは，「姿恰好応対振り，気転程合い思いやり」と，言ってみれば男も女も総合力で勝負していたという。恋愛における読み合いが古くから実践されていたことは，考えてみれば何の不思議もないのである。

ところで，天気予報と恋愛の読み合いには大きな違いがある。天気は自分が「相手」のことを一方的に読もうとしているのに対し，恋愛では，自分が相手のことを読もうとしている正にその瞬間に相手も自分のことを読もうとしているからである。相手が自分のことを読もうとしているのであれば，そこも含めて読めばいいじゃないか，と言われるかもしれない。しかし，相手もそういう自分—つまり自分のことを読もうとしている相手のことを読もうとしている自分—を読もうとしているかもしれない。ここまでくると賢明な読者の方はおわかりであろう。そう，お互いに相手を読もうとする行為がぐるぐると終わりのないサイクルを描き始めてしまう。こうなると，きりがないのである。

かと言って，相手の気持ちを読まなければ，DNAの相性がいくらよくても恋は成就しない。世話の焼きすぎで逃げられるケースなどは，自分しか目に入っていない典型であろう。相手にプラスになることならば悪く思われるはずがない。尽くすほうはそう思って尽くすのかもしれないが，尽くされるほうはカゴの鳥のような気分になってしまうこともある。囲碁でいう「勝手読み」というやつである。自分勝手に読めばそのつけ

図2-2　相手を読む

は必ず回ってくる。囲碁なら自分が負けるだけですむが，恋愛の場合は相手も傷つける。

相手のことを読めなければ「忙しい」の一言も字義通りにとってしまう。忙しい，という一言をあえて文章化すれば，「君に会うよりも優先順位の高い事柄がある」ということになる。時間は作るものである。本当に君のことが大切ならば時間は作れる。南極隊員じゃあるいまいし，2，3か月も好きな人に「忙しくて会えない」などということがあるものか。まあ，もっとも恋愛は千変万化，決めつけるのは止めておこう。

さて，岡目八目（おかめはちもく）という諺があるが，これも囲碁から生まれたものだ。この八目というのは八手先のことらしい。読み合い勝負の囲碁で相手より八手も先まで読めるとしたら，勝負は目に見えている。岡目とは，傍目，すなわち傍観者として戦況を見る，ということである。傍観者は八手先まで余分に見渡せるくらいいろいろなものに気づく，というのがこの諺が言おうとしていることである。

囲碁と男女の仲ほどこの諺がぴったりくるものはない。傍目から見れば終わってしまった恋も当の本人はまだ続いていると思っている。いや，思いたがる心が自分をだます。周りも「それって終わってるよ」とはなかなか言い出せない。たまに野暮な親切心を出して忠告でもしようものなら，逆に友人としての誠意を疑われる。頭では理解しつつも感情では拒否するのが人情というものだ。

岡の上から戦況を眺めるように，離れて人間関係を読むことは大切である。難しいのは，恋愛の場合，離れて読もうと客観視すれば当事者意識が薄れ，気がつけば「負け犬」なんてことになってしまいがちな点である。恋愛や結婚には熱い想いと勢いも大切だからだ。

当事者なのに離れて見る。でも心は熱いまま。生体離脱じゃあるまいし，と思われる方もおられるであろう。しかし，この生体離脱のような離れ技こそ，恋愛だけでなく，私たちが学ぼうとしている社会科学にも必要なものなのである。その昔,「熱き心と冷静な頭脳」と言ったのはマーシャルという高名な経済学者であるが，傍観者でいようと思えば熱が冷め，社会の不正に憤ってわれを忘れれば本質を読み誤る。そう，社会科学には恋愛と同じ難しさがあるのである。だから恋愛を通じて学んだことは社会科学の研究にも役立つ。

逆も真なりである。ゲーム理論をマスターすれば，きっと恋も成就する（保証はしない）。無理が通れば道理が引っ込むチキン・ゲーム，お互いの最善手が最悪の結果をもたらす囚人のジレンマなどのゲームを紹介しながらゲーム理論を用いた障害にまつわるインフォーマルな制度の話をしていきたい。

学習課題

・法律などのフォーマルな制度を整えても慣習のようなインフォーマルな制度が追いつかないと社会が変わらない例は枚挙にいとまがない。障害の問題で本文中に挙げたもののほかにどのような例があるだろうか。考えてみよう。

参考文献

・気象庁. (2023).『数値予報の精度向上』. https://www.jma.go.jp/jma/kishou/know/whitep/1-3-9.html, 最終閲覧日：2023年１月14日.
・高柳泰世. (2014).『つくられた障害「色盲」』. 朝日新聞出版.
・松井彰彦. (2002).『慣習と規範の経済学: ゲーム理論からのメッセージ』. 東洋経済新報社.
・松井彰彦. (2010).『高校生からのゲーム理論』. 筑摩書房.
・山元大輔. (2001).『恋愛遺伝子～運命の赤い糸を科学する』. 光文社.

・Matsui, A. (2019). Economy and Disability. *Economy and Social Inclusion*. Springer.
・Murakami, M. (2023). History of Colorblindness. mimeo. https://drive.google.com/file/d/1mVT0NW5XEeX9GttC3If0L9jwg4rA2GdQ/view, 最終閲覧日：2023年1月14日.

3 愛は2人を救えるか

松井彰彦

《目標&ポイント》 福祉の話も市場の話と同じように経済学が必要だと思っておられる方は多い。しかし，多くの人がイメージする経済学は金勘定の話ではないだろうか。福祉には金がかかるから大変だとか，福祉に従事する労働者の収入が低すぎるとかいう話をよく聞く。それはもちろん大切な話だ。しかし，私が考える経済学には必ずしもお金は主役としては登場しない。私だけではない。多くの経済学者の関心事はお金よりも別のところにある（お金はもちろん大切だが)。本章は，経済学がそもそもどのような学問かということから話を始め，お金以外の問題を扱う経済学の核となったゲーム理論を紹介しよう。

《キーワード》 「ものの見方」としての経済学，アダム・スミス，ゲーム理論，ゼロサム・ゲーム，チキン・ゲーム，囚人のジレンマ，愛，目撃者，通報

1.「ものの見方」としての経済学

みなさんは，経済学をどのような学問だと考えているだろうか。市場。お金。売買。そういった事やモノに関する問題を研究する学問だと思われているかもしれない。それは間違いない。経済学はこれまで市場，お金，売買といった問題を研究対象としてきたし，これからもそうしていくだろう。しかし，最近の経済学を見てみよう。学力の経済学，医療の経済学，そしてこのテキストで紹介する障害の経済学などなど。対象は必ずしも市場やお金だけではない。

「でも，障害の経済学では障害者のための施策の費用と便益の話が主題なのでしょうか」という質問も受けたりする。「いえいえ」と私は答える。私の研究ではあまりお金の話は出てこない。出てくるのは，「健常者」と呼ばれる多数派と「障害者」と呼ばれる少数派のせめぎ合いだったりする。

高校の教科書などで学ぶ，市場や取引を分析対象とする学問としての経済学を「狭義の経済学」，大学や大学院で学ぶ経済学を「広義の経済学」と呼ぶとすると，後者は分析対象ではなく，対象の捉え方，すなわち「ものの見方」に大きな特徴があるといえる。実はこの点は，高校までの学問と大学・大学院での学問との間の大きな違いでもある。大学や大学院では経済学に限らず，いろいろな分野で特有のものの見方，考え方を学ぶことになるが，これが実際の学問・研究の姿なのである。

では，経済学のものの見方とは何なのだろうか。これも実は，経済学者が10人集まれば11通りの答えが出てくると言われるほど千差万別なのでやはり難しいけれども，１つの大きな共通点が存在する。それを考えるために，経済学の祖といわれるアダム・スミスの言葉を，彼の著書『道徳感情論』の中から紹介したい。

> 「これに対して主義を信奉する人間は，自分は非常に賢いと思い上がりがちである。自らが練り上げた理想的な統治計画の想像上のすばらしさに夢中になるあまり，そのごく一部の些細な逸脱にも我慢できないことが多い。計画を細部にいたるまで完全に実行しようとし，対立する可能性のある重大な利害関係や強い偏見をも一顧だにしない。あたかもチェス盤で駒を自在に動かすように，大きな社会のさまざまな成員を簡単に並べ替えられると考えているように見える。だが，盤上の駒が従うのは手が加えた運動の法則だけだが，人

間社会というチェス盤では，１つひとつの駒が独自の力による運動の法則に従うことを忘れているのだろう。それは，立法府が押し付けようとするものとはまったくちがうこともある。二種類の運動の法則が一致して同じ方向に働くなら，人間社会のゲームはなごやかにすんなりと展開し，めでたく上がりにたどり着くだろう。逆に両者が対立したり衝突したりすれば，ゲームはぶざまに混乱を来たし，社会はまちがいなく無秩序のきわみに達するにちがいない」（『道徳感情論』第６部「徳の性格について」pp.501-502より，傍線筆者）

『道徳感情論』には，スミスの「人間の科学」についての考えが明確に記されている。ここでのポイントは，人間社会をチェス盤になぞらえて「１つひとつの駒が独自の力による運動の法則に従う」と述べている点である。すなわち，普通のチェスの場合はプレイヤーが駒を意のままに動かしてゲームが進んでいくわけだが，人間社会では駒としての個々人は，プレイヤーである為政者の意図から離れ，むしろ駒（＝人々）自身がプレイヤーとなって，自身の意図に従ってゲームが進んでいくと述べているのである。

プレイヤーが合理的に行動しているかどうかは問うていない点にも注目しておきたい。よく，経済学は「合理的な人間を扱う学問だ」などと表現されることがあるが，スミスはそうした合理性はとくには求めていない。ポイントは，個々のプレイヤーが個々の行動原理に従い，それは為政者の意図とは必ずしも同じではないという点である。個々の行動原理を積み重ねていった「社会なるもの」が，為政者の思惑と合致するとは限らない。また，為政者はその点を織り込んで政策を実施する必要があり，さもなければゲームは大変な状況に陥ってしまうだろうということをスミスは主張しているのである。

このスミスの「１つひとつの駒が独自の力による運動の法則に従う」という見方は，これから紹介していくさまざまな話に共通した考え方となっている。そして，各章ではこうしたものの見方をベースとして，それぞれの問題意識に沿って障害や難病の問題を分析していく。

このように考えると，経済学の分析対象として市場や財政などのいかにも経済というものだけでなく，障害の問題やスポーツ，医療など多様なものが含まれるということも納得がいくであろう。本テキスト前半の各章では，さまざまな問題を扱っていくが，その前に本章では，もう少し経済学特有のものの見方について詳しくお話する。次節では，経済学において重要な役割を果たす「ゲーム理論」と呼ばれる分析手法を導入しよう。

2. ゲーム理論

ゲーム理論は学問としては比較的若く，1947年にフォン・ノイマンとモルゲンシュテルンが『ゲームの理論と経済行動』という著書を出版したところから始まったと言われている。もちろん，ゲーム理論的な考え方そのものは19世紀くらいからあったとされるが，それでも物理学などの自然科学と比べるとずいぶん若い。

ゲーム理論の黎明期において，フォン・ノイマンとモルゲンシュテルンは，彼らの著書の冒頭で数理的な土台を持つフォーマルな形での「人間の科学」を打ち立てたいと宣言する。ただし，人間は複雑なので，人間のすべての行動を記述するような統一的な理論を打ち立てるのは，少なくとも彼らが生きている間は難しいだろうとも述べている。しかし，それでは何もできないのかというと決してそうではなく，彼らはまず単純な行動原理から分析を開始する。それが，西洋ではマッチング・ペニー（コイン合わせ）と呼ばれるゲームの分析である。日本でそれに対応する「じゃんけん」に置き換えて説明していこう。

じゃんけんは，分析は簡単だけれども，意外におもしろい含意をもったゲームである。ここでは，２人でじゃんけんをして，勝った方が１点，負けた方は－１点，あいこの場合はそれぞれ０点というルールにしておこう。そうすると，**表３－１**のように得点表を書くことができる。

表３－１　じゃんけん

		B作くん		
		グー	チョキ	パー
A子さん	グー	0, 0	1, －1	－1, 1
	チョキ	－1, 1	0, 0	1, －1
	パー	1, －1	－1, 1	0, 0

表３－１を見ると，たとえばA子さんがチョキを出してB作くんがグーを出すと，B作くんの勝ちになる。そして図の中の左側にA子さんの得点が，右側にB作くんの得点が示されている。上の結果の場合はA子さんが－１点，B作くんが１点である。これを，ゲーム理論では「利得」と呼ぶ。２人ともグーだった場合にはあいこになって，両者の利得は０という結果になる。

このような特徴を持ったゲームは，「ゼロサム・ゲーム（零和ゲーム）」と呼ばれている。両者の利得を足すとゼロになるということから，このように呼ばれている。このゲームでは，明確な解が得られることが知られており，分析の出発点として用いられた。じゃんけんの場合は，グー・チョキ・パーの３種類をうまく混ぜて確率３分の１ずつで出すようにすれば，相手に手の内を読まれたとしても負けることがないという意味で，望ましい戦略となる。

とはいえこんなに簡単な話，じゃんけんの話だけで，はたして人間の行動を分析しているなどと言えるのか，と疑問を持たれた方も多いかもしれない。しかし，まず初めはこうした簡単な分析からスタートしようという姿勢は，ほとんどすべての学問に共通したものである。現在ではどんなに高度に発展している学問，たとえば物理学や天文学などであっても，最初は単純な問題を扱うところから始まったのだ。ガリレオ・ガリレイの研究も最初はピサの斜塔から重い球と軽い球を落としてみて，それが同じスピードで地面に到達するという落体の問題から始められた。こうした単純で分析しやすい問題から始めて，次第に複雑な対象へと分析を拡張していくのが学問の基本的な姿勢である（ガリレオのピサの斜塔のエピソードは後世の作り話だとの説もある）。ゲーム理論もその例外ではないということである。

ちなみに，ここで登場したフォン・ノイマンは，「博士の異常な愛情または私は如何にして心配するのを止めて水爆を愛するようになったか（Dr. Strangelove or: How I Learned to Stop Worrying and Love the Bomb）」という映画のモデルにもなった，やや変わった人物である。この映画は，最終的には核戦争を引き起こしてしまうマッドサイエンティストの物語だ。実際のノイマンも，核兵器開発のマンハッタン計画に関わり，数学基礎論の発展にも大きく貢献した人物である。

ナッシュ均衡

その後，このゲーム理論がもっといろいろな問題にも適用できるようになると，急速に発展していくことになる。最初の発展は，ゼロサムではないゲームへの拡張である。そこで，まず分析されたのは「チキン・ゲーム」と呼ばれるゲームだ。

A子さんとB作くんが一緒に暮らしていて，家の中が汚れているとしよう。気持ちが悪いのできれいにしたいのだが，掃除は面倒くさい。相手が掃除をしてくれればそれに越したことはない。しかし，２人とも掃除をしないのは最悪だ。その状況をゲームの形にしたのが，**表３－２**である。

表３－２　チキン・ゲーム

		B作くん	
		掃除する	掃除しない
A子さん	掃除する	2，2	1，3
	掃除しない	3，1	0，0

表３－２を見てみると，「掃除する」「掃除しない」という２つの戦略が示されており，それぞれに数字が記されている。このゲームでは両者の利得を足してもゼロになっていない。このゲームの分析で力を発揮したのが，「ナッシュ均衡」という概念である。

ナッシュ均衡とは，戦略の組のうち，互いに相手の戦略を固定しておいて，自分が戦略を単独で変えても得をしない状況のことである。この例では，ナッシュ均衡が２つ存在する。１つはA子さんが「掃除しない」で，B作くんが「掃除する」という組。もう１つはその逆にA子さんが「掃除する」で，B作くんが「掃除しない」という組である。どのような意味でこれら２つの組み合わせが均衡かを見ていこう。

A子さんが「掃除しない」，B作くんが「掃除する」という組み合わせを（掃除しない，掃除する）と書くことにしよう。この状態における各人の利得はそれぞれ３と１である。これも（３，１）と書こう。この状態から各人が変えられるのは自分の手だけである。A子さんが，相手が「掃除する」ときに自分も「掃除する」と，（掃除する，掃除する）となり，A子さんの利得は２となる。先ほどと比べて得をしなかった（実際には損をした）ので，このように手を変更することはない。一方，B作くんはというと，こちらは「掃除する」を「掃除しない」に変えると，利得は1から0になり，これも得をしない。どちらも戦略を単独では変更しても得をしないので，均衡になるというわけである。

反対に均衡にならない組，（掃除する，掃除する）を見てみよう。こちらは，相手が「掃除する」ので，自分が「掃除しない」を選べば，利得は2から3へと上がる。「相手が掃除してくれるならいいや」となってしまうため，2人とも「掃除する」状態は均衡にならないのである。

この均衡という概念を確立したジョン・ナッシュもまた，非常に特徴的な人物である。彼は統合失調症に長く苦しめられた経験を持つものの，後の1994年にノーベル経済学賞を受賞した。彼の半生をモデルにした「ビューティフル・マインド」（A Beautiful Mind）という映画も公開され，アカデミー賞を受賞した。

3. 愛は2人を救えるか

囚人のジレンマ

ゲームには，前節で紹介したもののほかにもいろいろなものがある。中でも特に有名なのは，**表3－3**にある「囚人のジレンマ」だろう。2人の囚人（容疑者）が取り調べを別室で受けていて，2人とも黙秘をすれば証拠があがらなくて助かるが，どちらか（ないし両者）が自白をすると証拠があがって罪が確定する。ただし，自分が先に自白をすれば自分の罪が軽減されて，相手が罪をかぶることになる。つまり，相手に自白されると大損するような状況になっている。そのため，相手に自白されるくらいなら自分も自白した方がよいことに加えて，相手が黙秘する場合でも自分が自白した方が罪が軽くなるという形で，いわばニンジンがぶら下がった状況になっている。ちなみにこれは，現実には司法取引と言われ，アメリカなどでは実際に以前から行われていたものだが，日本でも2018年から導入された。

表３－３　囚人のジレンマ

		B作くん	
		黙秘	自白
A子さん	黙秘	3, 3	0, 4
	自白	4, 0	1, 1

こうしたゲームのもとでは，どちらのプレイヤーも自分が可愛いので結局自白を選んでしまうことになる。このゲームが「ジレンマ」と言われるのは，２人が互いに黙秘を選んでいれば罪を免れて高い利得が得られるにもかかわらず，わが身かわいさのために警察の思い通りに自白してしまう点に由来する。

愛が２人を救う

筆者が小学生のころ，ヒーローもののTVアニメーションが全盛期だった。ヒーローは変身したり，ロボットを操縦したりしていてかっこよく，憧れを覚えたものだった。ヒーローには愛があふれ，かつ強かった。でも，ときに愛のために危機に陥る。もう駄目かと手に汗握っていると，無類の強さを発揮したり，幸運が味方したりして最後には勝利をおさめるのである。

そこでいつも疑問に思っていたことがある。愛は勝利という目的にとって重荷になるものなのか，と。もちろん愛がなければ戦う力が湧いてこないという議論もあり得るだろう。しかし，本当に強い敵に勝つためには勝利という目的に絞った戦略が求められる。２人の同じ実力を持つライバルがいて，１人は勝利のために力を注ぎこむ一方，もう１人が勝利と愛に力を分散させてしまうと，勝率は前者のほうが高くなるだろう。愛は人生を豊かにし，人間を幸せにするが，こと戦いに関しては足手まといになってしまうのではないか。愛が足手まといにならず，勝利を呼び込むことはできるのか。

小学生のときから考えていたこの問題にYESという答えを与えてくれたのがゲーム理論である。ここでは前回導入したゲーム理論の特徴を考えながら，その核心に迫る。具体的には，２人で意思決定をするときには１人で意思決定をするときと異なり，愛が要になることを先ほど導入した囚人のジレンマを使って見ていく。ただし，より一般的な内容としたいので「黙秘」を「協力」,「自白」を「裏切」と読み替えておこう。

表３－４　物質的利得（Material payoffs）

		B作くん	
		協力	裏切
A子さん	協力	3, 3	0, 4
	裏切	4, 0	1, 1

前節で見たように，このゲームでは相手の戦略にかかわらず最善手は「裏切」となる。本来２人とも「協力」を守れば互いに３という利得が得られるにもかかわらず，自分がかわいい２人は１という利得しか得られないことになるのである。

さて，今度は２人の間に愛があるとしよう。愛をゲーム理論で分析するだって？だから学者は信用できないんだ，という声が聞こえてきそうだが，少しだけ話に付き合っていただきたい。ここでは,「愛」を「相手の（物質的）利得も自分の利得とみなす」状況と定義しよう。これを精神的利得と呼んでおく。すると，精神的利得は次のように定式化できる。

(自分の精神的利得)＝(1－λ)(自分の物質的利得)＋λ(相手の物質的利得)

λは0と1の間の数字で，愛のウェイトを表す。経済学の一分野である行動経済学では「相手のことを慮（おもんぱか）る選好」(other regarding preference) と小難しい名前が付いているがあまり気にしなくてよいだろう。λが0のときは今まで同様自分の精神的利得は自分の物質的利得と同じになる。λが1のときは完全に相手の利得と同化してしまう。自分と相手を同じように大切に思うとすれば，λは0.5となる。ここではλ＝0.5として話を進めてみよう。

(自分の精神的利得)＝0.5×(自分の物質的利得)＋0.5×(相手の物質的利得)

表3－5はA子さんもB作くんも愛があふれているとし，λ＝0.5として，囚人のジレンマを書き直したものである。
表3－4の物質的利得では，(裏切，協力) のとき，A子さんの利得は4，B作くんの利得は0であったことを思い出そう。

表3－5　精神的利得（λ＝0.5）

		B作くん 協力	B作くん 裏切
A子さん	協力	3, 3	2, 2
A子さん	裏切	2, 2	1, 1

したがって，愛がある場合のＡ子さんの利得は

$$2 = 0.5 \times 4 + 0.5 \times 0$$

となる。他の数字も同様にして完成したものが**表３－５**である。

さて，このようにして完成した**表３－５**のゲームを分析しよう。といっても，分析するまでもないかもしれない。相手が何をしようとも，今度は「協力」をすることのほうが利得が高いため，２人とも「協力」をとる。その結果，（協力，協力）が均衡として実現し，２人は（裏切，裏切）というジレンマから抜け出すことができる。ここで，精神的利得が最大になっているのはもちろん，物質的利得も増加していることに注目しよう。自分の物質的利得を抑え，相手を慮ることで，結果的に自分の精神的利得のみならず物質的利得も増やすことができる。愛が２人を救ったのである。

4. 愛はなくとも繰り返し

さて，正義のヒーローが大好きだった子どもも成長して大人になると，いろいろなことを考えるようになる。どう考えてもお互いに愛していない同士でもけんかもせず，協力して物事をこなしている大人は不思議でならなかった。

大人同士は愛がなさそうなのに，なぜ協力できるのだろうか。その問いに答えてくれるキーワードが明日の関係である。今日までの関係なら囚人のジレンマでは裏切りを選んでしまう人々も明日も人間関係が続くと思うと，自分が可愛い大人たちも協力を惜しまなくなる。ゲームが繰り返されることで協力関係が生まれると言ってもいいだろう。

では，ゲームが繰り返されるとき，どのような戦略で臨むのが自分に

とって利益をもたらすのだろうか。明日も明後日も続く囚人のジレンマゲームを考えてみよう。このゲームでプレイヤーAが「協力」から始めて，相手であるプレイヤーBが「裏切る」までは「協力」し続けるとしよう。一方，Bがいったん裏切るとAはそれ以降，裏切りしか採らなくなるとしよう。このような戦略をトリガー（引き金）戦略と呼ぶが，このとき，相手方のBはどのような行動を採るのが最善手となるだろうか。

今日裏切ってDを採るべきか，今日以降ずっと協力してCを採り続けるべきかを考えてみよう。今日プレイヤーBが裏切ると，一回きりの囚人のジレンマのときのように，利得は３から４に増える。しかし，プレイヤーAはトリガー戦略をとっているので，明日以降はDを採ることになる。BはCをとると０，Dをとると１の利得が入ってくるので，この場合，Dをとらざるを得ない。結果として，プレイヤーBは明日以降は１の利得しかとれないことになる。

一方，Cをとり続けるとしてみよう。このとき，プレイヤーAもCをとりつづけるので，プレイヤーBは毎期３の利得を得られることになる。

今日だけ４，明日以降１という利得の列と，毎期３という利得の列だとどちらが好ましいだろうか。かなり近視眼的な人以外は毎期３のほうがいいと思うのではないだろうか。

愛がなくとも分別のある大人は明日以降のことを慮（おもんぱか）って，今日協力を選ぶのである。

さて，このゲームにはトリガー戦略にもさまざまな戦略がある。トリガー戦略だと，一回相手が間違って「裏切り」をとってしまうと，翌日以降，１しかとれません。もう少し，相手が謝ってきたら赦す戦略というのもあり得ます。「しっぺ返し戦略」というのがそれである。この戦略では，相手が今日協力したら，自分は明日協力し，相手が今日裏切ったら，自分は明日裏切るという手をとります。この戦略も相手の協力を引き出す戦略といわれています。

しっぺ返し戦略よりも少し相手に甘い戦略もある。たとえば，２回続けて相手が裏切ったら，こちらは１回裏切るという戦略を考えてみよう。このとき，相手は１回おきに裏切ってくるかもしれない。それによって，相手は４と３を交互に得ることができる反面，自分は０と３を交互に得るという結果になる。

さらに，甘い戦略もある。「お人よし戦略」では，何があってもつねに協力をとり続ける。このような戦略をとっていることが相手にわかってしまうと，裏切りにあって散々な目にあう。あまり，相手に甘い顔を見せるのは考えものといったところだろうか。

ゲームが繰り返されると，愛がなくとも，さまざまな結果が生じる。ずる賢く立ち回っている人は，そのときは得をしているようでも，結局損をしている場合もある。そういう人はこのことに気づく必要があるだろう。

5. おれがやらなきゃだれかやる

1964年，ニューヨークのクイーンズで痛ましい事件が起こった。キティ・ジェノヴィーズ事件である。帰宅途中のキティが暴漢モズリーに暴行を受けたうえ殺害された。それだけであれば東京に比べれば格段に犯罪の多いニューヨークのこと，歴史に名を刻むことにはならなかっただろう。この事件が耳目を集めたのは，殺害現場の目撃者が40名近くに上ったにもかかわらず，だれも通報しなかった点にある。ニューヨーク・タイムズ紙は「38人の目撃者がいるにもかかわらず30分間だれも警察に通報しなかった」と報じた。

これは犯罪都市ニューヨークで起こった遠い国の事件であり，日本ではあり得ないと思う方もいるかもしれない。そこで，もう１つ，日本で起きた事件を見ておこう[1]。

1　「サンダーバード号事件」に関する記述はJ-castニュース（2007）による。

2006年８月，JR北陸線の特急電車「サンダーバード」の車内で，当時21歳の女性を乱暴したとして大阪府警淀川署は07年４月21日，解体事業を営む植園貴光被告（36）を強姦容疑で再逮捕した。J-Castニュースは「車内レイプしらんぷり『沈黙』40人乗客の卑劣」と題した2007年04月23日の記事でこう報じた。「この男の残虐極まりない犯行も驚きだが，さらに驚きなのが他の乗客が何もしなかったことだ。JR西日本広報部によれば，『サンダーバード』の自由席の座席数は１両60弱〜70弱。犯行が行われた当時，40人ほどの乗客が乗車しており，そこそこの込み具合だったはず。それなのに何故？」

多くの人がいるにもかかわらず，だれも何もしないのはなぜだろうか。しかし，社会心理学者のラタネたちは，逆に多くの人がいるからこそ，だれも何もしないのではないか，と考えて，ある実験を行った(Darley=Latane, 1968)。

大学生の被験者たちが，てんかんの四肢麻痺を耳にした。被験者たちは，自分だけが緊急事態を聞いたと信じる状況に置かれたか，あるいは，１人または４人の見知らぬ他人が周りにいる状況に置かれた。予測通り，他の傍観者の存在は個人の責任感を低下させ，報告の速度を低下させた(99％有意)。３人グループの場合，男性は女性より早く報告することはなく，女性は他の１人の傍観者が女性ではなく男性であった場合，報告が遅れることはなかった。一般に，性格や背景の尺度は，予測に有意には効かなかった。現実の緊急事態における傍観者の不作為は，しばしば無気力，疎外感，アノミーによって説明される。しかし，この説明は，被害者への無関心というよりも，傍観者の他の行為への反応にあることを示唆している。

Darley=Latane はこの結果をもって責任の拡散の議論を展開するに至った。社会心理学では，１つの事象に１つの理論を当てはめて解釈する傾向がある。ゲーム理論は，さまざまな現象を（感情なども加味する広義の）損得計算という観点から分析しようとする。ゲーム理論が極めて汎用性の高い分析手法としてさまざまな社会現象の分析を席捲した所以である。物事のシステマティックな理解にこそ，ゲーム理論の真骨頂がある。

人はいつでもそれなりの判断をしているというのがゲーム理論での仮説だ。目撃者の例をとってみよう。今，通報の手間などのコストを１としよう。一方，みんなが通報を怠り，犯罪が起きてしまうことは看過できない。その犯罪発生のコストを２としておこう。ここで，犯罪を見逃すことのコストは通報のコストより大きい点に注目しよう。このような目撃者が１人ないし複数いたとして，先ほどのラタネたちの実験のうち（1）と（2）の条件下で，だれかしら通報する可能性を考えてみたい。

まず，（1）の状況，すなわち，個々の努力は測れない状況を考えてみよう。**表３-６**は，この状況での「自分」の利得を表している。

表３-６　目撃者のコスト

	他の全員通報しない	他のだれかが通報する
自分は通報しない	−2	0
自分は通報する	−1	−1

この状況で，みんなが同じ行動を採っているものとして均衡を求めてみよう。まず目撃者が１人しかいないケースを考えてみよう。通報する人が自分１人しかいない場合は，犯罪発生のコストが通報のコストよりも大きいので，必ず通報するという結論が得られる。

つぎに目撃者が自分以外にもう１人いる場合を考えてみよう。このとき，相手も自分も通報するか否かで迷っており，結果として均衡では確率pで通報しないとしてみよう。すると，相手が通報しない確率はpとなるため，自分も通報しないと，利得の期待値は－２pとなる。他方，自分が通報する場合の利得はつねに－１である。－２p＞－１のときには通報しないときの利得が通報するときの利得より高いので，通報しない。逆に－２p＜－１のときには通報するときの利得がより高いので，通報することになる。したがって，両者が等しくなるところが均衡である。ゆえに，通報する確率は１／２となる。この場合，２人とも通報しない確率は１／４となり，正の値をとることがわかる。人数が１人から２人に増えたのにもかかわらず，逆に２人とも通報を怠る可能性が生じてしまったのである。

補論：一般のn人のケースを分析しておこう（nは正の整数)。今，全員が同じようなコストを持っているので，n=2のケース同様，各人とも確率pで通報しないとしてみる。すると，他の（n−1）人全員が通報しない確率は，

$$p^{n-1}$$

となる。したがって，自分が通報しない場合の利得は，

$$-2p^{n-1}$$

となる。他方，通報する場合には，コスト１が発生するため，利得は

$$-1$$

となる。この均衡では，自分自身も通報する場合もしない場合もあるので，両者の利得が等しくなければ均衡にはならない。そこで，$-2p^{n-1}=-1$ を計算して，

$$p = (1/2)^{1/(n-1)}$$

が得られる。ここからnが大きくなると，pは1に近づいていくことがわかる。人数が多くなればなるほど，一人ひとりが通報する確率は0に向かって小さくなっていってしまうのである。

さて，では，だれかしら通報する（＝犯罪を防ぐ）確率はどのように変化するのか。だれも通報しない確率はp^nだから，pに先ほどの値を代入し，1から引くと，

$$1 - (1/2)^{n/(n-1)}$$

が得られる。この値はnが大きくなると，次第に減少し，1/2に近づいていく。すなわち人数が多くなると，犯罪を防ぐ確率が下がってしまうのである。

学習課題

(i) 4節で紹介した例は社会の中でさまざまなところで見られる。本文中の事例の他にどのような事例が考えられるか。障害の問題にひきつけて考えてみよう。

(ii) 4節で紹介した例のうち2人の目撃者が通報するか否かを考えている状況は**表3-7**のようにまとめることができる。この表に利得を書き入れてゲームを完成させてみよう。

表3-7　通報ゲーム

		B作くん	
		通報しない	通報する
A子さん	通報しない		
	通報する		

参考文献

・アダム・スミス.（2014）『道徳感情論』. 村井章子・北川知子訳, 日経BP社.
ジョン・フォン・ノイマン, オスカー・モルゲンシュテルン.（2014).『ゲーム理論と経済行動』. 武藤滋夫訳, 中山幹夫翻訳協力, 勁草書房.

・Darley, J. M., & Latané, B. (1968). Bystander intervention in emergencies: diffusion of responsibility. *Journal of personality and social psychology, 8*, 377-383.

・J-Cast News. (2007),「車内レイプしらんぷり「沈黙」40人乗客の卑劣」. 2007年04月23日20時22分配信. https://www.j-cast.com/2007/04/23007096.html?p=all, 最終閲覧日：2023年１月14日.

4　みんなが手話で話した島

松井彰彦

《目標＆ポイント》 本章では前章で導入したゲーム理論を用いて，独立住民投票とマーサズ・ヴィンヤード島の事例を取り上げ，人々がどのように慣習を作り上げていくかを分析する。とくに後者の事例では，障害が医学・物理的問題か，社会的問題かという問いについて考える。
《キーワード》 ゲーム理論，男女のせめぎ合いゲーム，ケベック州の独立住民投票，マーサズ・ヴィンヤード島，ろう，手話，機能的障害，社会的障害

1．男女のせめぎ合い

表４－１　男女のせめぎ合いゲーム

		女性	
		オペラ	テニス
男性	オペラ	3, 1	0, 0
	テニス	0, 0	1, 3

ゲーム理論によく登場するゲームに男女のせめぎ合い（バトル・オブ・ザ・セックス）というものがある。**表４－１**がその基本形だ。

男性と女性がデートに行こうと考えている。男性はオペラ好きであるのに対して，女性はテニス好きである。もちろん，デートなので別々のところに行くのは，２人とも避けたいと考えている。

２人ともオペラを選べば別々のところへ行くよりはよいが，男性はよ

りハッピーな気分になれる。一方，２人でテニスに行けば，満足度がより高いのは女性のほうだ。

このゲームには２つのナッシュ均衡がある。１つは２人ともオペラに行くというもので，２つめは２人ともテニスに行くというものである。これらの状態が嫌だと言って，自分独りで違う行動を採ると，より満足度の低い状態に移ってしまうからだ。

さて，どちらの均衡が実現するだろうか。もう少し背景が分からないと判断できない，という答えが返ってくるかもしれないが，正にその通りである。もし，亭主関白な家庭の夫婦ならば２人でオペラに行くかもしれない（夫婦でデート，してくださいね）。それに対して，男性が主導権を取っているような場合でも，これからプロポーズというときならば，あえてテニスに２人で行こうとするだろう。均衡が２つある場合には，ゲームの外側にある追加的な情報が重要な要素を占める可能性が多々ある。

同じゲームで，「オペラ」を「英語」，「テニス」を「仏語」と読み替えると，民族問題を分析することができる。その辺りのことを次に見ていこう。

2. カナダ，ケベック州の独立住民投票

カナダのケベック州はカナダ東方に位置し，その面積，人口，経済力はカナダ10州の中でもトップクラスである。しかし，特筆すべきは，人口構成，とくに母語や話せる言語の構成だ。カナダの人口はおよそ3600万人，うち英語系住民が55%を占め，政治経済を握っている。一方，ケベック州は人口７百万人のうち仏語系住民が75%と圧倒的多数を占めている。

コーナー2．カナダ，ケベック州の独立住民投票

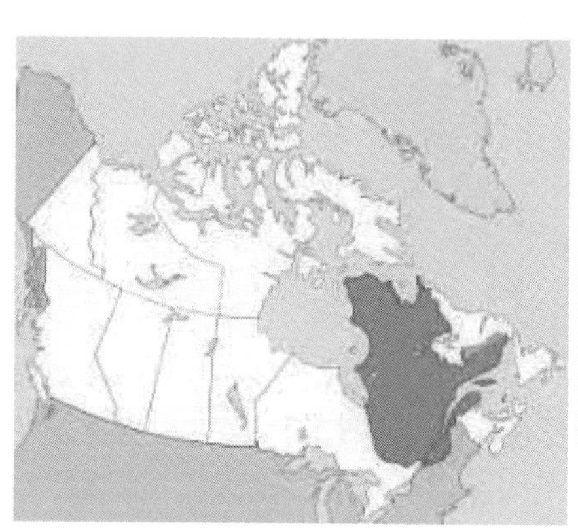

	カナダ	ケベック州
人口（2021、百万人）	36.6	8.2
面積（百万平方km）	9.98	1.54
経済規模（GDP、10億カナダドル，2022）	1,700	390
英語が母語 フランス語が母語 その他が母語 （人口比、2021）	55% 20% 25%	7% 75% 18%

https://www150.statcan.gc.ca/n1/pub/11-402-x/2010000/chap/geo/tbl/tbl07-eng.htm
https://www.statista.com/statistics/577535/gdpof-quebec-canada/
https://www.sqrc.gouv.qc.ca/representation-quebec-canada/le-quebec/donnees-en.asp
2021　Census
最終閲覧日：23.09.12

この特殊な構成ゆえに，独立運動も盛んだ。1995年に実施されたカナダのケベック州の独立の是非を問う住民投票では，独立賛成が49.4%，独立反対が50.6%となり，独立へ向けた動きはとりあえず収まった。しかし，この動きはカナダを大きく揺さぶるとともに，スペインのカタルーニャ地方やバスク地方，またベルギーのフランドル地方，連合王国である英国のスコットランドなど独立志向の強い地域に影響を与えたのである。

ケベック州（カナダ）の独立住民投票

17世紀　カナダはフランスの植民地

1763 植民地の英仏戦争における英国の勝利により、カナダは英国領となる
1774 「ケベック法」制定、仏語系の特異性が認められる
1967 仏大統領シャルル・ド・ゴール、ケベック州都モントリオールで演説、「自由ケベック万歳！」と絶叫
1968 ケベック独立をうたうケベック党結成
1994 ケベック党州政権発足
1995 独立住民投票実施　独立賛成 49.4%, 反対 50.6%

ケベック州の住民投票に至る歴史をもう少し詳しくみてみよう。17世紀，カナダはフランスの植民地だった。その後，英仏植民地戦争で英国が勝利したことにより，カナダは英国領となり，英語を話す住民が過半数を占めるに至ったカナダだったが，ケベック州は特殊な州であった。ここでは，フランス語系住民が圧倒的多数を占め続けたのである。また，カナダの公用語は英語とフランス語だが，ケベック州では公用語はフランス語のみとなっている。

1967年にはカナダにとって衝撃的な事件が起こる。フランス大統領のシャルル・ドゴールがケベックを訪問し，演説で「自由ケベック万歳！」と何度も絶叫したのだ。カナダ政府はこれを批判したが，時すでに遅し。翌1968年にはケベック独立をうたうケベック党が結成される。1994年にはケベック党による州政権が発足し，先ほど述べた独立住民投票に至るのである。当時の運動をけん引したルシアン・ブシャール氏は，カナダ残留は二等市民に留まることを意味すると主張し，多くの仏語系住民が独立賛成に回った。一方で，独立は経済力が悪化すると考えた仏語系住民も多くいた。結果は，賛成49.4％，反対50.6％でかろうじて独立は否決された。

仏語系住民の多くが経済のことを心配しつつも独立賛成に回った理由は何だろうか。大きな要素の一つに言語問題がある。カナダの公用語は英語と仏語だが，言語というものはどうしても多数派に引きずられてしまう。私たちはみな，自分の母語である言語で取引や日常会話を行うほうが楽だから，多数派の英語が中心に用いられている社会では，仏語系住民はそれに合わせていかなくてはならない。

この点をゲーム理論を用いて詳しく見てみよう。今，英語系住民と仏語系住民とが同じ地域に住んでいるとしよう。日常生活やビジネスで両者は完全に混ざり合い，同程度に出会うとしよう。言語が同じでなければ会話や取引が成り立たない。会話・取引が成り立てば１の利得が発生し，成り立たなければ利得は発生しないとしよう。そこで，母語は話せるとしたうえで，相手の言語を学ぶか否かを考えていこう。仏語系住民が英語を学んだり，英語系住民が仏語を学んだりすることにはコストがかかる。このコストを１回の出会いあたりに換算して，c（0＜c＜1）としよう。

さて，一人の人間は英語系住民とも仏語系住民とも出会うだろう。そこで，出会うパターンは３種類となり，ゲームの種類もそれに応じて３種類となる。第１は英語系住民同士（**表４-２**），第２は仏語系住民同士（**表４-３**），そして第３のパターンは英語系住民対仏語系住民だ（**表４-４**）。ゲームの表で「英語のみ」とあるのは，「英語のみ」を解して仏語は学ばないことを意味し，「仏語も」とあるのは，英語に加え仏語も学び話せることを意味するとする。他も同様である。

表４-２　英語系住民同士

		英語系住民	
		英語のみ	仏語も
英語系住民	英語のみ	1, 1	1, 1-c
	仏語も	1-c, 1	1-c, 1-c

表４－３　仏語系住民同士

		仏語系住民	
		英語も	仏語のみ
仏語系住民	英語も	1-c, 1-c	1-c, 1
	仏語のみ	1, 1-c	1, 1

表4－4　英語系住民　対　仏語系住民

		仏語系住民	
		英語も	仏語のみ
英語系住民	英語のみ	1, 1-c	0, 0
	仏語も	1-c, 1-c	1-c, 1

どのパターンがどのくらいの頻度で現れるかは人口比による。英語系住民の人口はm人，仏語系住民の人口はn人としよう。m, nは十分大きいとし，mはnよりも大きいとする。すると，一人の個人を取り出すと，英語系住民，仏語系住民と出会う比率はm : nとなる。ここで

$$\mu = \frac{n}{m+n}$$

をマイノリティである仏語系住民の割合とする。$n<m$なので，μは0.5より小さい数字となる。

これを前提として，英語系住民が英語を，仏語系住民が仏語を選んでいる状態から分析を始めよう。このとき，英語系住民が「英語のみ」を選ぶと，m人の人々と交流ができるので，利得は

$$m$$

となる。一方，「仏語も」学ぶと，すべての人々と交流することとなり，他言語を学んでいることからコストが発生し，利得は

$$(1\text{-}c)(m+n)$$

となる。したがって，英語系住民が「仏語も」学ぶための条件は，

$$m < (1\text{-}c)(m+n)$$

ということになる。両辺をm+nで割って，

$$\frac{m}{m+n} < 1 - c$$

を得る。ここで，

$$\mu = \frac{n}{m+n} = \frac{m+n-m}{m+n} = 1 - \frac{m}{m+n}$$

より，

$$\frac{m}{m+n} = 1 - \mu$$

となるので，これを用いると，

$$1 - \mu < 1 - c$$

を得る。1を両辺からキャンセルして，符号を整えると，

$$c < \mu$$

を得る。コストcがマイノリティの割合μより小さくなると（あるいは，小さくなって初めて）「仏語も」学ぶインセンティブが生じるのである。

つぎに仏語系住民を見てみよう。やはり，英語系住民が「英語のみ」を，仏語系住民が「仏語のみ」を選んでいる状態を仮定しよう。このとき，英語系住民が「仏語のみ」を選ぶと，n人の人々と交流ができるので，利得は

$$n$$

となる。一方，仏語を用いると，すべての人々と交流することとなり，他言語を学んでいることからコストが発生し，利得は

$$(1-c)(m+n)$$

となる。したがって，英語系住民が「仏語も」学ぶための条件は，

$$n < (1-c)(m+n)$$

ということになる。両辺をm+nで割って，

$$\frac{n}{m+n} < 1 - c$$

を得る。ここで，

$$\mu = \frac{n}{m+n}$$

を用いると，

$$\mu < 1\text{-c}$$

を得る。これを変形すると，

$$\text{c} < 1\text{-}\mu$$

を得る。1-μはマジョリティの割合なので，コストcがマジョリティの割合より小さくなると「英語も」学ぶインセンティブが生じるのである。

これを表すために横軸にcをとって図示すると，**図４－１**のようになる。

英語系住民が「仏語も」学ぶための条件：c < μ
仏語系住民が「英語も」学ぶための条件：c < 1-μ

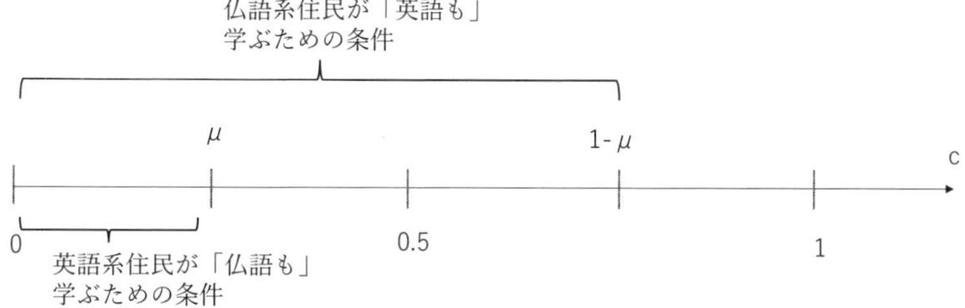

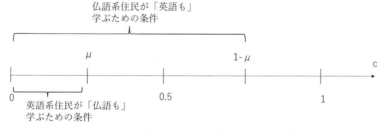

図４－１　相手の言語を学ぶための条件

ここからわかるように，仏語系住民が「英語も」学ぶためのcの範囲は，英語系住民が「仏語も」学ぶためのcの範囲より広くなる。現実はどうだろうか。

単位　百万人

	英語	フランス語	その他
母語、カナダ全体	20.1	7.2	9.4
母語、ケベック州	0.6	6.3	1.5

https://www150.statcan.gc.ca/t1/tbl1/en/tv.action?pid=9810021801

	英語のみ	フランス語のみ	英語とフランス語
話せる公用語、カナダ全体	25.2	4.1	6.5
話せる公用語、ケベック州	0.4	4.0	3.9

https://www150.statcan.gc.ca/t1/tbl1/en/tv.action?pid=9810022201
Statistics Canada (2021 Census) より講師作成

図４－２　言語の構成

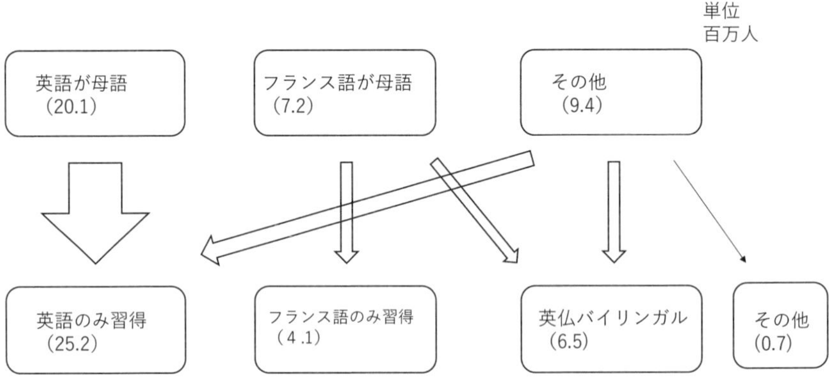

図４－３　母語と公用語の習得（全カナダ）

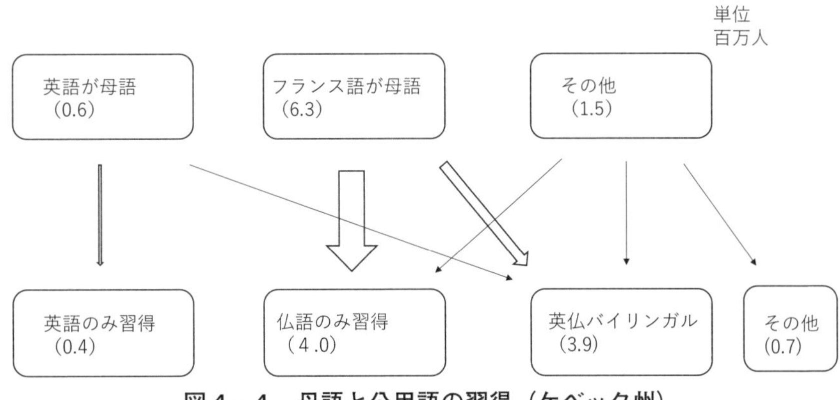

図４－４　母語と公用語の習得（ケベック州）

図４－２は，カナダ全体およびケベック州に関して言語の構成を示したものである。また，**図４－３，４－４**はカナダ全体およびケベック州のそれぞれについて，どの母語を用いる人がどの公用語を習得するかを図示したものである。ここからいくつかのことがわかる。英語系住民がマジョリティであるカナダでは，英語が母語の人は「英語のみ」習得する一方，仏語が母語の人は，その一定数が「英語も」習得するという点である。仏語系住民が多いケベック州ではこの関係が逆転する。理論と現実が対応していることがわかるであろう。

3．みんなが手話で話した島[1]

米マサチューセッツ州沖にマーサズ・ヴィンヤード島という島がある。1640年代にヤンキーの開拓者が対岸の大陸側から移住したこの島は，農業・漁業を主産業とし，外界から隔絶された島だった。一見どこにでもある開拓地であったが，他でみられない特徴があった。300年以上にわたり，先天性ろう者の数が飛び抜けて高い比率を示していたのだ。これ

1　本節の記述のうちマーサズ・ヴィンヤード島に関するものは，グロース『みんなが手話で話した島』による。また，本節では健聴者が用いる音声による会話を「口話」と呼ぶ。一般的な用語と異なるので注意されたい。

は遺伝性の聴覚障害が原因だった。

この島が特徴的だったのは，こうした遺伝の発生に対して，社会の側が適応してみせた点である。ヴィンヤード島では，300年以上にわたって，耳の聞こえる健聴者も手話で会話をしていたのだ。

米国の文化人類学者，ノーラ・グロースが著した「みんなが手話で話した島」に拠ってこのことを見ていこう。健聴者と先天性ろう者の比率は19世紀には米国全体で約6000人に１人だったのに対し，島全体では多いときには155人に１人，隔絶の度合いが激しいチルマークという町では25人に１人に上っていたという。

島西部の共同体では英語と手話が併用されていた。『ボストン・サンデー・ヘラルド』紙の記者は次のように書いた。

> チルマークにはお茶会の習慣がないようなので，井戸端会議に立ち寄ってみる。そこでは，口話と手話が混ざり合い，会話はほぼ無意識のうちに口話と手話を行ったり来たりし，また，同時に使われたりする。たいてい半分が話をし，残りの半分は黙っている。だが口話を使えない者たちは居心地が悪いようには見えない。ここのコミュニティはそうした状況に完全に適応してしまっているのである。
>
> (「ボストン・サンデー・ヘラルド」1895年１月20日講師訳)

島民は幼児期に手話を習得したという。成長とともに自然に手話を覚えてしまうというのだ。島でインタビューに応じたインフォーマントの中に，きちんと手話を習った者は１人もいなかった。「たぶん本能のようなものだったと思います。…手話を覚えないわけにはいかなかったのです。いつでも，それを目にしてましたから」「手話を知らないでは，ここでのくらしが成り立たなかったのです」

家族にろう者がいれば他の健聴者も手話を用いるようになる。手話は覚えれば便利な会話の手段だったようだ。声がかき消される海の上でも通じるし，教師が黒板を向いているときに「おしゃべり」もできる。

日常生活でろう者が不便を感じなくなった社会では，かれらは「障害者」ではなくなる。あるインフォーマントはこう言ったという，「あの人たちのことで，特別どうのこうの考えたことはありません。ほかの人たちとまったく同じでしたから」グロースは最後に結論づける。「だれ一人聴覚障害をハンディキャップと受け取らなかったという意味で，ろう者にハンディキャップは存在しなかったのだ」

ゲーム理論による分析

ゲーム理論でこの状況を分析していこう。基本的には２節と同様の分析となるが，m，nという人口は導入せずに割合で見ていってしまおう。また，ろう者は口話を用いることができないという点にも注意しておこう。社会における（先天性）ろう者の割合をμとする。μは０と１の間の数である。われわれの一般社会ではμは１/6,000程度である。一方，19世紀のマーサズ・ヴィンヤード島全体では１/155，チルマークでは１/25ということになる。これらの社会で健聴者は口話に加えて手話を学ぶか否かを決定するとする。ろう者は手話のみを解するとする。同じ言語を用いるときには会話が成立するので，利得が１発生し，共通の言語がないときには会話が成立しないとし，利得が０になるとしよう。したがって，ゲームとしては健聴者が手話を学ぶか否かを考えるものとなる。手話を学ぶためには，cだけのコストがかかるとする。cは０と１の間の数字であるとする。

意思決定者となる健聴者の立場で考えると，1-μの確率で，健聴者同士のゲーム，μの確率で健聴者とろう者のゲームとなる。ゲームによって手話の学習の有無を選べるわけではなく，ゲームをプレイする前に手話を学ぶか否かを決めなくてはならない。

これをまとめると，手話を学んだ場合には健聴者，ろう者を問わず会話が可能となり，その利得は

$$1-c$$

となる。一方，手話を学ばなかった場合には会話が可能な相手は健聴者のみとなり，その利得は

$$1-\mu$$

となる。その結果，手話を学ぶのは，

$$1-c > 1-\mu$$

のとき，あるいは上式を変形して，

$$\mu > c$$

のときとなる（同点の場合にはどちらでもよい）。この分析からわかるように，ろう者の割合μが高まれば，手話を学ぶことによる便益μがコストcを上回って，健聴者も手話を学ぶことになる。では，どの辺りのnが閾値（境目の値）となるだろうか。マーサズ・ヴィンヤード島ではより外界との接触の多い島東部から隔絶された島西部のチルマークにやってきた人が手話がわからなくて困惑したという記述が残っている。ここから推論すると，μが1/150では手話を学ぶコストが高すぎ，1/25になると手話を学ぶ便益がコストを上回ると考えられる。

このゲームではろう者は「手話のみ」をとらざるを得ない。それを前

提とすれば，ろう者の存在を無視できない健聴者は「口話と手話」を選ぶことになる。この状況にまず直面するのは家族だろう。家族にろう者が1人でもいる場合,家族の成員は手話でも話せるようになる。すると，例えばチルマークでは25人に1人だけでなく，より多くの人が手話を使うようになる。そうなると，手話の魅力が増す。このようなわけで多くの人が手話を習得したと考えることができよう。

これらの事例でわかること，それは「障害」というのは社会の人間関係の中で生まれてくるものであって，必ずしも固定的なものではないということだ。それにもかかわらず，私たちは自分が慣れ親しんでいる社会を基準にして物事を判断してしまうため，障害を個人の属性と考えてしまいがちである。私たちの心が「障害」を生み出してしまっているといってもよい。

機能的障害と社会的障害

ここで機能的障害と社会的障害について一言触れておきたい。機能的障害はimpairmentの訳語，社会的障害はdisabilityの訳語として割り当てられることが多い。日本語だとどちらも「障害」という単語が含まれているので注意が必要である。障害学ではこの2つを明確に分ける。耳が物理的に聴こえないことが機能的障害であり，現代社会におけるように，それによって被る社会生活を送る上での不利益を社会的障害とみなす。したがって，本節で扱ったマーサズ・ヴィンヤード島の事例では，機能的障害が社会的障害をもたらさなかったと考えることもできる。

しかし，そう結論づけてしまうのは早計だ。なぜなら機能的障害としての「ろう」は，マーサズ・ヴィンヤード島では「障害」とは呼ばれておらず，その意味でも「機能的障害」という単語でろう者を形容するのは不自然だからだ。言葉の意味・使用法は社会が変われば変わる。マーサズ・ヴィンヤード島のろう者たちを含むコミュニティはそんなことも我々に教えてくれている。

4. マイノリティとしての障害者と教育投資[2]

さて，それでは6000人に１人しか先天性ろう者がいない日本では，ろう者は「障害者」に留まらざるを得ないのであろうか。現段階ではそうかもしれない。しかし，障害者と健常者の垣根を壊そうという努力は社会の中でなされており，着実に成果を挙げている。その最大の武器となるのが教育だ。その一例を見ていこう。

二宮尊徳の言葉に「道徳なき経済は犯罪であり，経済なき道徳は寝言である」というものがある。経済活動に，人をだまさない，貶めないといった道徳観念が不可欠であるのと同様に，福祉活動においても，どうすれば障害児の能力を伸ばして，世の中で活かすことができるか，といった教育投資の発想は欠かせない。

福祉は弱者を救いとるためだけに存在するべきでなく，上に伸びようとする芽がぶつかる障害を取り除くためにも活用されるべきである。しかし，机上の空論ではなく，そのような理念で運営している福祉施設はあるだろうか。そうぼんやりと考えていた2013年２月のとある日曜日に，東京都葛飾区にある聴覚障害児支援施設，金町学園（当時）を訪問した。社会から隔絶された空間の中で体罰等の温床ともなっていた金町学園は，2003年に明るみに出た不祥事を機に体制を刷新した。元ろう学校校長を迎えた新体制では，機を同じくして成立した障害者自立支援法を有効活用して，新たな取組を始めたという。親の養育が困難なろう児を受け入れる施設からどのように変容したのだろうか。

20名ほどの聴覚障害児が暮らす金町学園では毎週日曜日に学習支援のボランティアが入る。塾長で手話通訳士の森本行雄氏のほか，大学教師

2　本節の議論は朝日新聞2013年３月１日付朝刊の記事に基づく。現在，金町学園は閉鎖し，「アレーズ秋桜」と名前を改め，別法人により運営されている。

や大学生が小学生から高校生までの勉強を見る。ここでは大学受験を目指す高校生もいる。そういう学生を自ら聴覚障害のある大学生が手話を用いて個別に指導する。学習支援を続けて2年になるという東京理科大学の菅原鑑（かん）さんにお話をうかがった。「特別支援学校といっても手話のできない先生も多いのでここの塾で聞いてくる子ども達がほとんどです。こういった環境が必要だと感じます」。

地方からわざわざ金町学園に入る子どももいる。みごとに大学合格を果たしたＡくんは福岡県の出身である。地元のろう学校では大学進学は難しいと考えていたところ，金町学園の濱崎久美子園長が主催したキャンプで同園のことを知る。「進学希望の先輩たちは，ほとんど上京していたので，自分も頑張りたいと思って上京しました。」通学や実力の差もあって大変だったというが，自分の希望をかなえたいとの思いで勉学に励んだという。

行政が障害者の身の振り方を措置するという，それまでの措置制度を改革して導入した支援費制度は財政問題のためにあえなく破綻し，代りに導入されたのが，障害者が福祉サービスを選べるものの，所得によって経費の一割を負担してもらう障害者自立支援法であった。生きるために必要な支援で金をとるのかという批判も多かったが，金町学園はこれを逆手にとる。

それまで，基本的に親の養育が困難なろう児のみを受け入れていた方針を転換し，そのような子どもたちに加えて，東京のろう学校で学びたいというＡくんのような子どもを親との「契約」を通じて積極的に受け入れるようになる。

福祉は最低ラインを保証することに注力する結果，なかなか優秀な人材を育てようという発想に結びつかない。能力のある聴覚障害児は健聴児同様少なからずいる。そういった子どもたちに「弱者」のレッテルを貼り，福祉の観点からだけ教育を施していたのでは伸びる芽も摘むことになってしまう。菅原さんは言う，「基本的に特別支援学校は，低いレベルの子ども達に合わせて進めることがほとんどです。普通の学校と変わらない教育が望ましいのですが，それはやはり難しいと思います」。

中学校，高等学校ともなれば，健聴児はそれぞれの志望校を目指して切磋琢磨する。高等部でも入学試験がないろう学校はだれでも入れるから勉強しなくても大丈夫と思いこみ，親もろう学校に預けておけば何とかなると思ってしまうケースが多いという。これでは，互いに切磋琢磨することもなく，学習意欲の維持向上は困難である。

濱崎園長は，「聴覚障害児が，健聴者と対等の社会生活を営むには，まず第一に日本語の読み書きを健聴児と同等に駆使する力が必要です」と力説する。健聴者と聴覚障害者がいると，どうしても健聴者に頼りがちになる。そのような関係を見て育った子ども達は，また健聴者に頼るようになる。その連鎖を断ち切るために，金町学園では，できるだけ聴覚障害者のイニシャチブで，あるいは健聴者と対等に仕事をする姿を見せるようにしているという。ロールモデル育成といっても言うはやすく，行うは難し，である。

大学進学を果たせば果たしたで，講義の聴き取りという次の難関が待っている。しかし，ここでもパイオニアたちの努力は素晴らしい。菅原さんの場合，元々なかったノートテイクや手話通訳などの情報保障を立ち上げた。大学もこれに応える。Aくんが進学予定の大学も受け入れに向けて着々と準備しているという。ノートテイクは健聴者の学生にアルバイト代を払うことになるが，これとても学生への金銭支援と捉えれば，大学にとってコストではなくベネフィットになる。

このような地道な努力なくして，自立心は育たない。「いずれは，聴覚障害のある方に園長になってもらえればと思っているのです」という濱崎園長の言葉に，金町学園だけでなく，日本の障害者施策の未来の姿を見るような気がした。

学習課題

・マーサズ・ヴィンヤード島の事例で見たように，「障害者」と呼ばれる人々もその数が増えるとインフォーマルな制度が変わって，「障害者」とは呼ばれなくなることがある。このような事例は他にもあるだろうか。考えてみよう。

参考文献

・グロース，ノーラ E..（1991）.『みんなが手話で話した島』. 佐野正信訳，築地書館.
・Matsui, A.（2017）. Disability and economy: A game theoretic approach. *The Japanese Economic Review, 68*(1), 5-23.

5　感染症は作られる

～ハンセン病対策の日米比較～

松井彰彦

《目標＆ポイント》 2020年に始まり，またたく間に世界を巻き込んだCovid-19, 通称新型コロナは全世界の人々に多大な影響を与えた。都市はロックダウンされ，海外渡航は厳しく制限され，病院の面会も禁じられて肉親の最期にも立ち会えない人々も多く出た。これら一連の政策は公衆衛生の名の下，「専門家」によって主導され，政治家の意思決定もその意見の影響を大きく受けた。

疫病のような大きな不確実性に見舞われたとき，われわれの行動や考えは専門家の意見に大きく左右される。本章は専門家の意見に翻弄され，その人生を根本的に否定されるに至ったハンセン病患者およびその回復者の問題を紹介しつつ，作られた感染症問題を考察する。

《キーワード》 純粋協調ゲーム，フォーカル・ポイント，ハンセン病，感染症対策，日米比較，異なる均衡

1．ハンセン病とは

ハンセン病は，らい菌によって引き起こされる感染力の非常に弱い感染症である。神経，皮膚，目，鼻の粘膜を侵すことがある。1873年，ノルウェーでゲルハール・A・ハンセンがハンセン病の原因菌を特定し，ハンセン病が遺伝性疾患ではなく感染症であることが証明された。それ以降，米国も日本もハンセン病患者を国家的に隔離する方針を打ち出した。しかし，後に見るように1940年代の特効薬の開発によって，米国は隔離を中止したのに対し，日本は隔離政策を続けた。現在では，隔離政

策は日本においても廃止されている。早期診断・早期治療により，完治が可能であり，ハンセン病の患者は，治療中も治療後も仕事を続け，活動的な生活を送ることができる。

感染力が非常に弱く，かつ治る病気であるにもかかわらず，ハンセン病の患者，元患者，家族が差別と偏見で苦しんだことは強調しても強調しすぎることはない。国立感染症研究所のホームページにはつぎのように書かれている。

> ハンセン病は社会との関係を抜きにしてはこの疾患の本質を理解することはできない
>
> ――国立感染症研究所ホームページ

ハンセン病に一体何が起こったのだろうか。日米のハンセン病対策はどのように異なり，それはなぜ生じたのであろうか。ハンセン病に係る「社会の関係」はどのように理解できるのであろうか。これらの問いをゲーム理論によって読み解くために，まずはハンセン病対策の日米比較から見ていこう。

2. ハンセン病対策の日米比較

Murakami（2023）はハンセン病の長い歴史の中で，カーヴィルの奇跡と呼ばれる出来事の前後に着目し，日米の比較を行いながら，いかにして感染症患者に対する差別・偏見が異なる経路を辿っていくかを考察した。以下Murakamiに拠ってこの点を見ていく。

1943年，アメリカの医師ガイ・ヘンリー・ファジェットが，ハンセン病にスルフォン剤が有効であることを確認した。スルフォン剤によってハンセン病患者の容貌は劇的に変化し，患者でない人々と見分けがつかないくらいにまで回復した。この劇的な現象は，ハンセン病患者が多く隔離されていた施設の名をとって「カーヴィルの奇跡」と呼ばれている。

カーヴィルの奇跡以前は，アメリカも日本もハンセン病患者に対して同様の制度や文化を持っていた。どちらの国でも患者は隔離され，国民の間では差別と偏見が蔓延していた。しかし，カーヴィルの奇跡の後，制度は日米で大きく変わった。Murakami（2023）は，このような違いを引き起こしたのは，医師という専門家であったのではないかと考える。カーヴィルの奇跡以降を中心に日米の制度を比較していこう。

ハンセン病は，らい菌によって引き起こされる慢性の感染症である。神経，皮膚，目，鼻の粘膜を侵すことがある。1873年，ノルウェーでゲルハール・A・ハンセンがハンセン病の原因菌を特定し，ハンセン病が遺伝性疾患ではなく感染症であることが証明された。それ以降，アメリカも日本もハンセン病患者を国家的に隔離する方針を打ち出した。現在では，早期診断・早期治療により，完治が可能であり，ハンセン病の患者は，治療中も治療後も仕事を続け，活動的な生活を送ることができる。

カーヴィルの奇跡以前の米国

アメリカ本土で唯一のハンセン病療養所であるカーヴィルは，1894年にルイジアナ州政府によって開設された。1921年に連邦政府はこれを国立ハンセン病療養所として引き継いだ。施設にいた患者のほとんどは非自発的に収容されており，1930年から1945年の間の収容者のうち，自発的なものはわずか15%だったとされる。

カーヴィルの奇跡以前に有効な薬はなかった。自己治癒力以外に回復の可能性がほとんどなく，患者は一生隔離されていた。患者たちはまるで囚人のような扱いを受けていた。フェンスには鉄条網が張り巡らされていて，患者は世界から切り離されていた。選挙権も郵便局もなかった。鉄道や幹線道路とは遠く離れ，未舗装の道で外界とつながっているだけだった。

スタンレー・スタインがハンセン病と診断されたときのことを語っている。

「ハンセン病！？…
ハンセン病は単なる病気ではなく，スティグマであり，不名誉であり，青天の霹靂（へきれき）であり，恐ろしい罪に対する罰だったのです。私は神の怒りに触れるようなことをしたのだろうか」（Stein & Blochman（1963, p.21））

聖書の中で差別的な言葉がどのように使われたかを観察することで，ハンセン病に対する文化的な態度が見えてくる。日本の「らい病」に対応する「レパー」という言葉は，ハンセン病患者を意味する言葉として使われ，否定的なイメージを持っていた。

スタインは1930年代から，この言葉の使用に反対する闘いを始めた。「私がレパーという忌まわしい言葉に抵抗したのは，その言葉がこの病気と罪が関連しているという誤った観念を現代まで継続させ，聖書にある不当なスティグマを永続させたからに他なりません」（Stein & Blochman（1963, p.151））

カーヴィルの奇跡以前の日本

日本では1909年に初めて公立の隔離施設ができた。1907年，経済力のないホームレス患者を中心に社会的に隔離するため，「癩（らい）予防に関する件」という法律が制定された。この法律により，全国を５つの地域に分け，都道府県単位で各地域に療養所が設置され，ホームレス患者の隔離が始まった。

ついで，在宅患者を含むすべての患者を社会から隔離するために，法律で国立のハンセン病患者の隔離施設の建設が命じられた。この隔離政策は，すべての患者を対象とすることから，絶対隔離政策と呼ばれる。1931年，最初の国立療養所である長島愛生園が開園した。また，同年，「癩予防法」が制定された。絶対隔離政策が始まったのである。

同年9月，柳条湖事件によって日本は満州事変に突入し，1937年7月には盧溝橋事件をきっかけに，日本と中国の本格的な戦争が始まった。そして，1941年12月には，アメリカ，イギリスも参戦した。したがって，「癩予防法」は，日本がアジア・太平洋で戦った15年戦争と同じ年に制定され，15年戦争期間中に実施された。

絶対隔離政策の目的は，すべての患者を非患者と分離することによって，日本におけるハンセン病を根絶することであった。このような考えは元々日本が欧米諸国の植民地化を避けるために西洋化する中で生まれたものである。日本政府は，ハンセン病を未開の野蛮な国の象徴とみなしていた。そのため，日本政府はハンセン病の根絶を西洋化するための必要条件と考えたのである。

1930年，ハンセン病患者の把握を目的とした「無らい県運動」が始まった。1945年以前は，戦後の衛生政策を担う警察によって，隔離の命令に従わない患者が逮捕されることもあった。ハンセン病の患者を行政に報告することが奨励された。報告すると金銭が授与されることもあったという。

このキャンペーンの一環として，国立ハンセン病療養所の医師が日本の農村を訪問した。村では，ハンセン病に関する講義を行い，隔離政策の必要性を強調するとともに，プロモーションビデオを上映し，ハンセン病の理解を促した。さらに，家族が小屋に隠している患者を探し出し，訪問することもあった。たとえば，長島愛生園の小川正子という女医は，患者とその家族を説得して，国立ハンセン病療養所に患者を連れて行ったという。

カーヴィルの奇跡

米国に話を戻そう。1940年７月，ガイ・H・ファジェット博士がMOC（Medical Officer in Charge）に任命された。当時は，大風子油による治療が主であった。しかし，ファジェット博士は結核の専門家であり，結核に用いられていたスルフォン剤のプロミンがハンセン病の治療に役立つ可能性があると判断したのである。プロミンのハンセン病に対する実験は，1941年に開始された。

ファジェット博士は人々の懐疑心を横目に先に進むことを決意した。1941年３月10日，博士の合図でフランク・マクレアリー博士が，６人の有志の患者にプロミンを注射した。これは歴史的な出来事であったが，当時はまだ誰もそのことに気づいていなかった。

結果はゆっくりとだが，劇的なものだった。早い人は6か月で見違えるようにきれいになり，細菌検査が陽性でも結節やシミが消えた。しかし，それ以上に顕著だったのは，患者のモラルに与えた影響だったという。

カーヴィルの奇跡後の米国

米国の制度は，カーヴィルの奇跡をきっかけに，劇的に変化していく。「1948年５月，カーヴィルに郵便局ができた。その年の７月と８月には，私たちの地位を服役者から病院患者へと転換したといってもよい２つの歴史的な出来事があった。７月，最初の患者が「退院」許可証をもらい，正門を出て故郷へと旅立った。これは画期的なできごとだった。そして８月には，米国公衆衛生局病院部の指示により，フェンスの上の３連の有刺鉄線がとりのぞかれた。…

1948年には，もう１つ画期的なできごとがあった。幹線道路からカーヴィルまで通じるでこぼこ道を舗装する契約が結ばれたのだ。24キロの道が最終的に舗装されたのは1949年の真夏だったが，土木業者が測量を始めたときから孤立感が薄らいでいくのを覚えた。…

1950年の６月，私たちは隔離可能な伝染病のリストからハンセン病を削除するための３年にわたる闘いに勝利した」(Stein & Blochman, 1963, pp.242-243, 著者訳)

1954年，カーヴィル内の刑務所が閉鎖された。1956年，MOCであるエドガー・B・ジョンウィック博士は，「誰一人この病院から，その意思に反して追い出されるべきではない。誰一人この病院に，その意思に反して収容されるべきではない」(上掲, p.314, 著者訳）と述べた。

カーヴィルの平均在院日数は減少した。1964年時点で，新たに診断された患者の平均入院期間は５年未満であった。治療効果は個人によって異なり，１年程度で退院する患者もいた。1970年代には隔離は強制的ではなく，自主的になされるようになった。

制度的な患者への対応がポジティブに変化しただけでなく，患者に対する人々の態度も徐々に改善されていった。「レパー」という差別的な言葉の使用は，徐々に取り除かれていった。1950年代にはアメリカ医師会（AMA）もハンセン病が「レパー」の公式な同義語として認めた。

世界保健機関（WHO）も何年かかけて，ついに「レパー」という言葉を廃した。また，1962年８月，旧約聖書の翻訳を改訂する10人のイギリス人学者からなる委員会が，新訳から「レパー」の語を省くことを発表したのである。

カーヴィルの患者たちが発行していた雑誌「スター」は一般の人々への啓蒙にも努めた。1951年，この雑誌の発行部数は6000部だった。1963

年には，14000部が公共図書館，学校，大学，医学・看護学校，教会図書館，病院などの主要な場所に配布された。

健康になったことで，変化を求めるエネルギーが増し，自分たちの治療に疑問を持つ動機が生まれたのだ。スタインは，広告主や百科事典の発行者，報道機関などに何時間もかけて手紙を書き，ハンセン病に関する一般的な誤解を正すよう働きかけた。

また，ファジェットは，患者を社会に受け入れさせるためには，一般市民の教育が必要であるという意見も発表した。

「しかしながら，アメリカのような文明国では，この病気はまれであり，通常の注意を払っていれば，成人がハンセン病にかかる危険はほとんどない。国立ハンセン病療養所の記録によれば，48年間の運営期間中，患者に接した医師，シスター，その他の係員は一人もハンセン病を発症していない。したがって，ハンセン病が極めて感染力の強い病気ではないという教育を国民にきちんと施す必要がある。ハンセン病に対する一般的な誤解や偏見に代わって，科学的な知識と社会的な啓蒙が必要なのである」(Faget, 1943, p.3, 著者訳)。

カーヴィルの奇跡以後の日本

米国で劇的な変化が生じていたころ日本では何が起きていたのだろうか。日本では，1944年までに，13の国立ハンセン病病院が設立された。1945年には，8855人が隔離された。

長島愛生園の医師である原田信夫は，プロミンが日本で効果をあげた当時をこう振り返る。

「昭和21年に，わが国ではじめてプロミンが用いられ，らいに著しい効果をあげた。らいは『可治の病』になった。スルフォン剤の出現によって，らいでは，まるで長いトンネルからぬけ出したような，まぶしいほ

どの転換期があった」(国立療養所史研究会，1975年，p.49)

1947年，日本らい学会で初めてプロミンに関する実験結果が3人の研究者によって報告された。その結果,全員がプロミンの有効性を認めた。

プロミンの供給は限られており，国立ハンセン病療養所の多くの患者は入手することができなかった。1949年，患者たちは政府にプロミンを購入するよう訴えた。1950年，政府は十分な量のプロミンを購入することを決定した。

同時に，1938年から国立ハンセン病療養所の運営と隔離政策を担当していた厚生省は，1949年に全患者の収容を目指すことにした。厚生省は残りの推定患者数4500人を隔離するため，ハンセン病施設を徐々に拡張していった。1950年には1500床，1951年と1952年にはそれぞれ1000床が設置された。

1951年，ハンセン病の専門家として最も影響力のあった光田健輔は,国立ハンセン病療養所の主任医師2名とともに強制隔離の継続を強調した。また，スルフォン剤による治療法および再発の可能性についても言及している。

「これは昔から遺伝と言われておるように，1つの村に余計にあるとか,或いはその1つの家族に限つて頻々と出るというようなことで，即ち癩は家族伝染でありますから，そういうような家族に対し，又その地方に対してもう少しこれを強制的に入れるような方法を講じなければ，いつまでたつても同じことであると思います。… 現在の有力なる治療でも再発を防ぐということはなかなか私はむずかしいように思うのであります」(1951年11月8日の厚生委員会での光田健輔の証言)。

1953年の改正らい予防法は，基本的には旧法と同じであった。強制隔離は継続された。長島愛生園に勤務していた医師は，プロミン療法を受けるためにハンセン病患者を来園させることを勧めていた。しかし，その患者の多くは，生涯を施設内で過ごさなければならなかった。

光田は，スルフォン剤で症状が治まっても，ハンセン病の蔓延（まんえん）を防ぐことはできないと考え，隔離の継続を提案した。1950年，光田（1950, p.207）はプロミンに関して，「やはり十年以上経過を見なければ眞の効果は判定することができないであろう」と書いている。それにもかかわらず，プロミンの効果が決定的となった８年後，光田（1958）は，「このプロミンを注射すると，菌が減るばかりでなく，化膿菌やその他の混合感染を防ぐので，醜い潰瘍も吸収して，肉がひどくくずれることもなくなった。患者はそれで病気が直ったと思っているが，それは決して直ったのではない」（p.9）と書いている。

実際，国際的なハンセン病学会では，隔離政策の廃止および外来治療が提案されていたことも理解していた。しかし，彼は日本におけるハンセン病の根絶を目指し，全患者を隔離することに固執した。

「こうして世界中が，ライ予防逆コースの道をとっている。個人の人権を守るあまりに，人類の福祉が忘れ去られようとしているとしか，私には考えられない。…

広く人類のために，悲惨なライは絶対に根絶させなければならない」（上掲，p.10-11）

その発言と意見は，ハンセン病政策の方向性を決定するほどの影響力をもっていた。財団法人日弁連法務研究財団は，1953年のハンセン病予防法改正における光田の役割を指摘した患者のコメントを引用している。

> 「当時の光田ら権威者が終生隔離論者だったことが，闘争を経ても隔離が継続した大きな要因。」「結局，光田健輔がらい行政のすべてを牛耳る力を持っていたということではないか。」「予防法を改悪さ

れてしまったのは，やはり光田たちの発言のせいだろう。」「予防法は何といっても医学面が基本だ。光田ら専門家の意見は大きな意味を持ったはずだ。もし，光田がプロミンの効果をも認め，開放政策に転じようと発言していれば，あの時点で隔離政策は打ち切られていたかもしれない」（日弁連法務研究財団（2005a, p.486））

「らい予防法」が廃止され，隔離政策が姿を消すのは1996年のことである。2001年５月11日，熊本地方裁判所でハンセン病予防法は違憲と判断された。2022年５月１日現在，927人の元患者が国立療養所内に滞在している。

プロミン発見以前は同じような隔離政策をとっていたのに，カーヴィルの奇跡以降，日米では異なる制度が採用された。医師にはハードパワーはないが，政策を提案する。医師の発言は社会の進化・発展に大きな影響を与える。これは社会が大きな不確実性に直面していて，複数の均衡が存在するときにとくに力を持つ。米国と日本，２つの国は２つの異なる道を歩んだ。医師の発言の違いによって，両国は別々の均衡に落ち着いてしまったのである。この点をゲーム理論を用いながら見ていこう。

3. ゲーム理論による分析

純粋協調ゲーム

表５－１　純粋協調ゲーム

		B車	
		左	右
A車	左	1, 1	0, 0
	右	0, 0	1, 1

ゲーム理論によく登場するゲームに純粋協調ゲームというものがある。**表５－１**がその基本形だ。２台の車が駐車場ですれ違おうとしている。公道と異なり，この駐車場には何の表示もなく，どちら側を通っても違反にはならない。２台はちょうど道の真ん中で向き合っている。あなたならどちらを選ぶだろうか。相手が左側を通行するなら，自分も左側を通行したほうがいいだろう。反対に相手が右側を通行するなら，自分も右側を通行したほうがよい。すなわち，このゲームには２つのナッシュ均衡がある。

さて，どちらの均衡が実現するだろうか。運転している感覚では，特別な状況でない限り，互いに左側を通ろうとするのではないか。これは当然と言えば当然だ。なぜなら公道では左側通行をすると決まっているため，左側を通るものだという考えが意識的にせよ無意識的にせよ浮かぶからである。このとき，左側通行がフォーカル・ポイントになっているという。

もちろん，これは世界で普遍的なものではない。米国に行けば，自動車は右側通行だから，駐車場でもすれ違いのときに右にハンドルを切るのが自然だろう。私も米国から帰国した当初，運転にはかなり気を使った。免許を米国のものから日本のものに切り替えるときに大失策をしてしまったこともある。警察の運転免許センターの技能試験でのこと。細い一方通行の道から二車線の道路に出た瞬間，試験教官が「はい，終わり」と言う。私は何のことかわからず，一瞬ぽかんとする。「逆走」と試験官。「あっ」，反対車線に入ってしまったのだ。すっかりしょげてゴール地点に向かうと，教官は何を思ったか，「外国では結構運転されていたんですね」と，声をかけてくれた。再試験では口の中で「左側通行，左側通行，・・・」とぶつぶつ唱えながら運転を行った。

世の中のさまざまな規則はみんなが守るから成り立っているものが多

い。そして，なぜみんなが守るかというと，守らないと困ったり，大惨事を引き起こしたりするからだ。みんなが左側通行するなら自分も左側を走らなければ，一瞬で大事故を起こすだろう。一方，高速道路を走ってみると，多くの自動車が制限速度を超えて走っている。40km/hも超過する暴走車は論外としても，首都高速道路のように制限速度が60km/hの道路でも80km/h近く出している車が多い。みんながそのくらいスピードを出していると，自分も60km/hで走るより70km/hで走るほうが安全な感じがする。いわゆる流れに乗ったほうが運転しやすい。規則をどこまで守るかは人々のインセンティブによるところが大きいのである。

感染症対策も似たようなところがある。みんながマスクをしていると，自分もしたほうがよい気がしてくる。みんなが患者を避けるなら自分も患者を避けたほうがよいという考えになる。

ただ交通規則と異なる点がある。感染症対策には大きな不確実性があるという点。そして，どちらがいいかだれも――専門家ですら――わかっていないという点である。**表5－2**および**5－3**にある純粋協調ゲームのバリエーション1と2はこの点を模式的に表したものだ。みんなが患者を避けるのであれば自分も避けたほうがよい，みんなが避けないならば自分も避けないほうがよい，というところまではエスカレーターの左右問題と同じである。しかし，バリエーション1ではみんなが避けないという均衡のほうが，みんなが避けるという均衡よりも利得が高いという点で優れている。バリエーション2はその反対で，みんなが避けるという均衡のほうが，みんなが避けないという均衡よりも利得が高いという点で優れている。そして，一般の人はどちらのゲームをプレイしているのかわからず，専門家もそれに関して不完全な情報しか持っていない。

このとき何が起きるのか。以下ではハンセン病という不確実性が高いと考えられていた感染症に関する事例を取り上げて分析を行う。この問題は，周知のとおり，専門家が誤った判断をしたわけであるが，とくに日米間で対策に大きな隔たりがあったことが知られている。

表５－２　純粋協調ゲーム：バリエーション１

		健常者B	
		避ける	避けない
健常者A	（患者を）避ける	1, 1	0, 0
	避けない	0, 0	2, 2

表５－３　純粋協調ゲーム：バリエーション２

		健常者B	
		避ける	避けない
健常者A	（患者を）避ける	2, 2	0, 0
	避けない	0, 0	1, 1

日米比較のゲーム理論的考察

本格的な議論はMurakami（2023）に譲るとして，ここでは簡単なバージョンを分析しておこう。カーヴィルの奇跡以降，米国ではファジェット，日本では光田がそれぞれハンセン病に対する人々の態度に影響を及ぼした。ファジェットはバリエーション１のゲームが正しいゲームだと考え，それに対して光田はバリエーション２のゲームが正しいゲームだと考えた。彼らの説明や説得，啓蒙活動は，専門知識を持たない一般市民の考え方を徐々に変えていく。

バリエーション１は米国，バリエーション２は日本に対応している。ここで，簡単化のために両国とも同じ初期値をとって，社会で半分の人

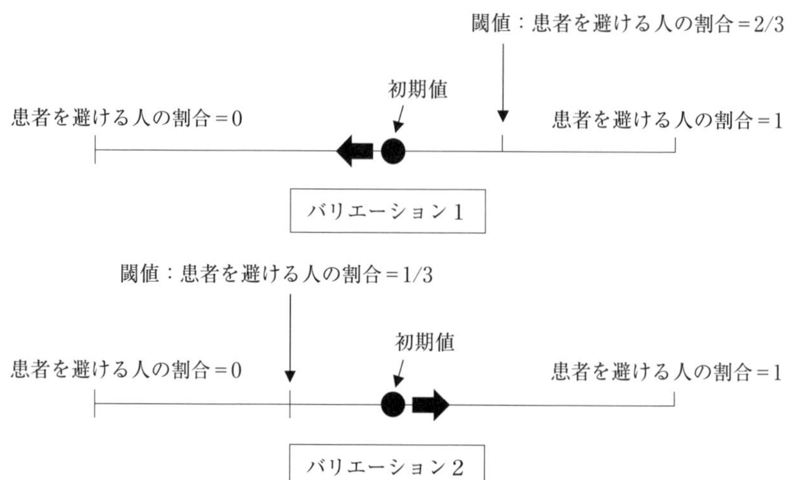

図5－1　同じ初期値でも医師の発言によって社会が向かう方向が異なる

が患者を避け，残り半分が患者を避けない状態であったとしよう（**図5－1**参照）。このときバリエーション１において，自分自身が患者を避けると，半分の確率で１という利得を得る。一方，患者を避けなければ，半分の確率で２という利得を得るため，患者を避けないほうが自分にとってよいということになる。その結果，次第に患者を避けない人が増えてくる。避けない人が増えれば，エスカレーターの問題と同じで避けない行動がますますよくなる。最終的には患者を避けないという均衡に辿り着くのである。

ちなみに，バリエーション１では患者を避ける人の割合が２／３のときに，ちょうど避けても避けなくても同じ利得が得られる。自分が患者を避ければ２／３の確率で正の利得１が得られるので，期待値は２／３。一方，患者を避けない場合，１／３の確率で正の利得２が得られるので，期待値はやはり２／３となる。この閾値２／３より患者を避ける人の割合が増えると，自分も避けた方が避けないよりも利得が高くなり，患者を避ける人の割合が減ると，自分も避けないほうがよくなる。

次にバリエーション２を見てみよう。先ほどと同様に考えると，自分自身が患者を避けると，半分の確率で２という利得を得る。一方，患者を避けなければ，半分の確率で１という利得を得るため，今度は患者を避けるほうが自分にとってよいということになる。その結果，次第に患者を避ける人が増えてくる。避ける人が増えれば，避ける行動がますますよくなる。最終的には患者を避けるという均衡に辿り着くのである。[1]

元々，患者を避ける人の割合が同じであったにもかかわらず，医師が人々の考えに影響を与えた結果，異なる均衡が実現することとなった。慣習は専門家の言によって影響を受けるのである。

患者を避けないほうがよい社会になるとみんなが納得すると，人々の行動は徐々にそちらに移っていく。一方で，患者を避ける，隔離したほうがよい社会になるとみんなが考えると，人々は患者を忌み嫌い，彼らを避ける方向に移っていく。しかも，**第２章**で見たエスカレーターの問題同様，一旦一方向に振れた動きを元に戻すには時間がかかる。

ハンセン病の歴史―とくにカーヴィルの奇跡以降の歴史―は医師たちの考えによって人々が翻弄された歴史といってもよいのである。

学習課題

・ハンセン病の日米比較の分析は新型コロナの日米比較にも応用可能だろうか。どのような点が類似しており，どのような点が異なると考えられるだろうか。

1　ここでは、初期値が１／３と２／３の間のときのみ、専門家の意見が社会の帰趨を決するというモデルを示した。Murakami（2023）は進化論的ゲーム理論を用いて、初期値がいかなる値であっても専門家の意見が通ってしまうという命題を証明した。

参考文献

- 日弁連法務研究財団. (2005a). *ハンセン病問題に関する検証会議 最終報告書*.
- Faget, G. (1943). What the patient should know about hansen's disease. *The Star*, 5, 3-4.
- Murakami, M. (2023). Infectious Diseases and Conventional Discrimination. SSRN 3878529.
- Stein, S. & L.G. Blochman. (1963). *Alone No Longer: The Story of a Man Who Refused to be One of the Living Dead!*. FUNK & WAGNALLS

6 難病は作られる[1]

～帝国陸海軍の脚気対策～

松井彰彦

《目標＆ポイント》 本章は明治時代の日本陸海軍の医療政策に触れながら，当時伝染病とも考えられた脚気惨害を考察する。1894-95年の日清戦争前に脚気問題を解決した海軍と，1904-05年の日露戦争においても脚気惨害に見舞われた陸軍の人事制度に着目し，人々の生死を左右するに至った意思決定の過程とその帰趨に迫る。

《キーワード》 脚気，難病，帝国陸海軍の医療対策，医学制度，継承ゲーム，情報均衡，同調均衡

第５章では，ハンセン病の患者が専門家の指示のもと，日常生活を捨てさらねばならなくなった事例を考察した。ハンセン病に限らず，障害者や疾病者は医療者の考えに翻弄されてきたが，この問題はもはや，多くの人にとって他人事ではない。まさに，コロナ禍で，私たちが等しく経験していることだからである。このように医療はみんなの問題となりうる。私たちは障害や疾病を医療の問題として考えがちだが，医療も人間が行うものである以上，人間の行動によって左右される社会の問題である。

本章は，古くから存在する現代的な問題を考えるため，明治時代の脚気問題を考察する。**表６－１**，**表６－２**は日清戦争および日露戦争における帝国陸海軍の脚気患者数および死者数である。陸軍と海軍の間に大きな隔たりがあることがみてとれる。この隔たりを読み解くために，帝国陸海軍の人事制度に着目し，人々の生死を左右するに至った意思決定

1　本章の議論は松井・村上（2021）による。データや引用の出所ならびにゲーム理論分析の詳細については同論文を参照のこと。

の過程とその帰趨に迫る。

表6－1　日清戦争における陸海軍の戦闘死者数および脚気死者数

日清戦争	動員数	戦闘死者数	脚気患者数	脚気死者数	脚気死亡率（1万人当たり）
海軍	3千	110	34	1	3
陸軍	24万	977	4万	4064	70

表6－2　日露戦争における陸海軍の戦闘死者数および脚気死者数

日露戦争	動員数	戦闘死者数	脚気患者数	脚気死者数	脚気死亡率（1万人当たり）
海軍	4万5千	2010	87	3	0.7
陸軍	100万	4万6千	25万	2万8千	280

1．医学制度とは何か

科学的知識というのは社会から独立していると思われがちだ。しかし，科学的知識を生産している科学者というのもまた人間であり，何らかの社会に属している。すなわち，科学者もまた自分が属する社会の文化や制度に影響された状態で学問に従事しており，科学的知識も社会から独立しているわけではない。

科学の一翼を担う医学においても，研究者個人の研究能力だけでなく，研究者がどのような制度，組織構造の中で研究を行っているかを考えることは重要だ。特に，上司との関係如何では新たな研究を始めることや，通説と異なる学説を提示することは困難になる。すなわち，医学制度が重要となる。

では，医学制度とはなんであろうか。まず，制度一般についてであるが，われわれは**第１章**において制度を次のように考えた。その部分を再掲しておこう。

> 制度とは何だろうか。新制度学派創設に貢献し，ノーベル経済学賞を受賞したダグラス・ノースは制度を社会における「ゲームのルール」とみなす（North, 1990）。彼はゲームのルールを２つのタイプに分けて考える。一つは法的なルールや契約などフォーマルなルールである。もう一つは慣習や規範といったインフォーマルなルールである。そのように考えると，法制度のような明文化された制度のみならず，人々の行動様式に基づく障害者の排除や包摂なども制度の一つだといえる。

この考え方を踏まえて，青木（2008）は，「制度とは，人々のあいだで共通に了解されている社会的ゲームのプレイの仕方である」とした。

医学制度を考える上では，医学を学問と見なして分析する必要性も生じる。それでは学問とは何か。Mokyr（2016）によると，学問とは不確かな知識（untight knowledge）を確定させていく営みである。ここで不確かな知識とは以下のように定義されている。

> 知識が不確定であるとは，その時代の標準的な判断基準に照らして，知識が確かではなく簡単に検証することもできないことをいう。（Mokyr, 2016, p. 29, 著者訳）

また，知識の確定の仕方自身が社会慣習であるという。

その時代の判断基準によって知識は検証され受け入れられ，そして伝えられていく。そしてその判断基準そのものが社会慣習なのである（Mokyr, 2016, p.45-46, 著者訳）

われわれは以上の考え方をふまえ，医学制度を，「医学者のあいだで共通に了解されている知識を確定させるゲームのプレイの仕方」として脚気問題の考察を進める。

2. 難病としての脚気

周知のように，脚気はビタミンＢ１の欠乏からくる病気である。膝を軽くたたいて下脚が跳ね上がれば正常と診断される，と聞けば覚えがある読者もいるかもしれない。脚気に罹患(りかん)すると，下肢のしびれや浮腫をきたし，悪化すると心不全（脚気衝心）で死亡する。ビタミンＢ１は雑穀や玄米に多く含まれるが，玄米を精米した白米にはあまり含まれない。江戸時代には，江戸で白米食が好まれたことによって，地方から江戸に来ると脚気を患い，地方に戻ると雑穀中心の生活により脚気が治ったことから，「江戸わずらい」とも呼ばれた。徳川将軍も何人かが脚気で亡くなっており，明治天皇も脚気に悩まされたという。

明治時代において脚気は「難しい病」だった。当時の学説としては病気といえば病原菌によるものという考え方が主流であり，ビタミンの存在が知られる以前，当然ビタミンの欠乏による病気が存在するとは考えられていなかった。

現在の法律（難病の患者に対する医療等に関する法律第一条）によれば，難病とは「発病の機構が明らかでなく，かつ，治療方法が確立していない希少な疾病であって，当該疾病にかかることにより長期にわたり療養を必要とすることとなるものをいう」。Haendel et al（2020）によると，難病（希少性疾患）の定義が国によって異なることもあって幅があるが，その種類は5000から8000あり，10人に1人はなんらかの難病を患っている。

脚気は明治から大正期にかけて結核と並ぶ国民病と言われたため，「希少な疾病」ではなかったものの，当時の学界において「発病の機構が明らかでなく，かつ，治療方法が確立していない」という意味で正に「難しい病」であった（本章では取り上げないが，長期にわたる療養もしばしば必要とされた）。

治療法，予防法が分からないという点で，難病に関する知識は不確定である。難病の研究とは，不確定な治療法，予防法を確定していく作業であり，そのためには病気に関する知識の集約が必要となる。そして，この知識の集約は医学制度の中で行われる。そうだとすれば，医学制度，すなわち「医学者のあいだで共通に了解されている社会的ゲームのプレイの仕方」が難病の知識の集約に影響を及ぼすことは十分に考えられる。

明治時代における陸海軍の脚気惨害は正に医学制度が知識の集約および人々の生死に直接に影響を与えた事例である。本章は明治時代，兵站（へいたん）が重要となる国外で陸海軍が脚気惨害に直面した後，どのように軍医たちが脚気問題に取り組んだかを考察する。具体的には，脚気対策の方針を決めていた医務局長に焦点をあて，脚気惨害を出した医務局長が次にどのような方針をもった人物を後継者として選んだのかを分析する。当時，脚気対策の方針としては大きく分けて2つあり，通説として白米を食べても構わないとする説（白米説）と脚気予防として白米の代わりに麦飯を与えるべきという説（麦飯説）が存在していた。この白米説と麦飯説をめぐって，陸軍と海軍で異なる医務局長人事がとられたことにより脚気対策の方針および結果が大きく異なるに至った。脚気をとりまく陸海軍の医務局長人事を歴史的・理論的に分析することで，医学制度が難病に関する知識の集約に与える影響を考察することが本分析の目的である。

3. 帝国陸海軍における脚気惨害

明治初期，帝国陸海軍の兵食は主食が白米，副食は現金支給の形を採っていた。多くの兵員は副食用に支給される現金を田舎の実家に仕送りするなどして，副食はかなり粗末であった。現在知られているように，ビタミンＢ１欠乏が脚気の根本原因であり，白米にはそれが十分には含まれていなかったため，白米中心の兵食が脚気惨害を引き起こすこととなった。繰り返しになるが，当時は食餌と脚気の関係は，知識としては確定していなかった。

国外で海軍が脚気に対する抜本的な改革を迫られたのは，1882年の壬午（じんご）事変，および同年の練習船龍驤（りゅうじょう）の航海の後だった。一方，陸軍が国外で大規模な脚気惨害にあったのは1894年から翌年にかけての日清戦争だった。

その対策に当たったのが陸海軍の医療，衛生部門である医務局だった。陸海軍の医療，衛生部門は，兵部省が陸軍省と海軍省に分かれた1872年２月27日より，それぞれの省内におかれ，分割されており，２つの省は独立した意思決定をおこなっていた。実際，多大な被害を出した後，海軍と陸軍の医務局は異なる対応を採ることになる。脚気問題に入る前に医務局の話をしておこう。

医務局

海軍の衛生部門に関する中央組織は海軍省内に存在した。設立当初より名称は変遷したが，本章では主に医務局と呼ばれた1876年から1884年に関する議論を述べるため，海軍医務局と呼ぶことにする。海軍医務局は海軍省という官僚組織の一部門であり，海軍病院や艦隊の医室，軍医学校などを所管した。医務局のトップが医務局長である。医務局長はおおむね軍医総監があたる。軍医総監は軍医官として最高位であり，少将にあたる。

一方，陸軍衛生部門の中央機関が陸軍省医務局である。本節で扱う1897年（明治30年）当時，医務局の所管には軍医学校，各師団の軍医部門，陸軍の病院などがあった。1897年（明治30年）時点で医務局長は軍医総監をもってあてるとされていた。軍医総監は平時において医務局長を務め，戦時においては野戦衛生長官を務めた。1897年，軍医総監はそれまで少将相当であったのが中将相当となった。

いずれの組織でも医務局長の権限は絶大で，後継者指名も医務局長が行い，その人事に陸海軍省のトップである大臣が介入することはなかったという。医務局長の意向によって，戦時中の脚気対策の方針も決められており，すなわち，国外での脚気惨害を出した後，惨害を出した先任者がどのような人物を後継の医務局長として選ぶかによってその後の戦時中の陸海軍の脚気対策が決められていた。以下，脚気対策と医務局長の交代の関係を海軍，陸軍の順にみていく。

海軍と脚気

海軍は1880年代前半に２つの脚気惨害に見舞われた。壬午事変および練習船龍驤における脚気惨害である。壬午事変とは1882年に李氏朝鮮内のソウル特別市で起こった軍人による反乱のことである。このとき政権側の要人や日本の外交官らが殺害された。これを受け，帝国海軍は軍艦を派遣し，朝鮮の宗主国を自認していた清国も日本を牽制するために，軍艦を送り込んだ。日本と清国の軍艦は朝鮮の沖合で対峙する。しかし，日本の軍艦では脚気患者が多数発生し，その戦闘能力を著しく欠いてしまった。このとき，実際に戦闘が起こっていたら日本は惨敗していただろう。

同じころ，海軍ではもう１つの脚気惨害が起きていた。龍驤という練習船が太平洋に向けて出港したのは1882年12月19日だった。ニュージーランド，南米，ハワイを順に経由し，航行日数は271日，航海日数は201日に及んだ。しかしその間，ペルーのカヤオを出港して以後ハワイに至るまでに脚気患者を138名も出す。最終的に，乗員376名のうち，脚気患者を169名出し，死亡者は25名にのぼった。

壬午事変および練習船龍驤の脚気惨害の事件当時，海軍医のトップである医務局長は戸塚文海であった。戸塚文海は，1835年９月３日に備中国で生まれた。幼少から医を志し，備後福山でオランダ文典を学んだ後，適塾の門を叩いた。1867年には将軍徳川慶喜の奥医師にあがった。維新後，新政府の招へいにも応えなかったが，1872年（明治５年），長崎伝習所で学んだ同士である勝海舟に請われ，出仕した。1876年に海軍軍医総監となった後，海軍医務局長には1877年１月25日より1883年10月３日まで在籍した。

戸塚は蘭方医であったが，脚気の治療に対して有効な手立てをもっていなかったようである。当時，平時においても海軍に脚気患者は多く，1881年以前，全患者の内４分の３を脚気が占めていた。海軍医務局の脚気対策は，戸塚が局長を務めていた明治13年の時点で海軍中医監の高木兼寛が東京海軍病院院長として脚気の原因究明を自ら企画してあたっていたことが記録されているが，戸塚が個人的に策をとったとは記録されていない。

この高木が戸塚の後継者として医務局長となる。高木兼寛は1849年９月15日に日向国に生まれた。戊辰(ぼしん)戦争に軍医として従軍するも薩摩藩の従軍医師が漢方医ばかりであったため，創傷の治療が拙劣で，西洋医学の重要性を痛感する。明治維新後海軍に入った兼寛は，1875年，海軍生徒として，医学修業のため，ロンドンのセント・トーマス病院医学校に入学した。1879年には外科および内科解剖試験で一等賞を取り，同医学校最高外科賞牌であるチェセルデン銀賞牌を受けた。このことは高木の医師としての能力の高さを裏付けるものでもある。

脚気惨害を調査した結果，高木は兵食に問題があると結論付ける。海軍における食料改善を行おうとするも，糧食条例が主船局の所管であったために難航する。そこで1882年11月29日，当時医務局副長だった高木は自ら明治天皇に上奏し，海軍における兵食改善の必要性を訴えた。上司の戸塚を飛び越えて天皇への上奏までしてしまったのだから，完全な越権行為である。しかし,「ともかくこの下剋上を文海は問題にしなかった。これはまさに自分の部下である兼寛の能力と為人（ひととなり）とを文海が熟知の上評価し，自己の後継者と目する人材に傷を負わせることを避けたためと考えるのが妥当である」といわれる。

高木の名前を不朽のものにしたのが，練習船筑波による実験航海である。彼は綿密にとったデータをもとに，脚気の原因が兵食にあるという信念を持つに至る。龍驤と同じ航路で航海を行い，兵食のみ変えて脚気が減少すれば，脚気の原因が兵食にあるということが証明される。そう考えた高木は前述の明治天皇への上奏も含め，責任をもって積極的に活動して予算を勝ち取り，1884年２月３日から11月16日の約９か月に及ぶ筑波の実験航海を遂行する。結果は赫々（かっかく）たるものであった。乗組員333名のうち脚気患者は延べ16名，実数14名，死者は０であった。しかも，その14名にしても４名はコンデンスミルクを飲まず，残りの10名は肉類を嫌って摂らなかった者であり，改善食を摂取した筑波の乗員には，脚気は発生しなかった。改善食が脚気を撲滅したのである。以後海軍では脚気予防といえば麦飯ということになり，麦飯の効果を説いてまわった高木は後に麦飯男爵とまで呼ばれるようになった。

兵食改善の結果，海軍から脚気はおおよそ根絶された。**図６－１**からわかるように，兵食改善以前と比べるとほぼ根絶されたといってよい。

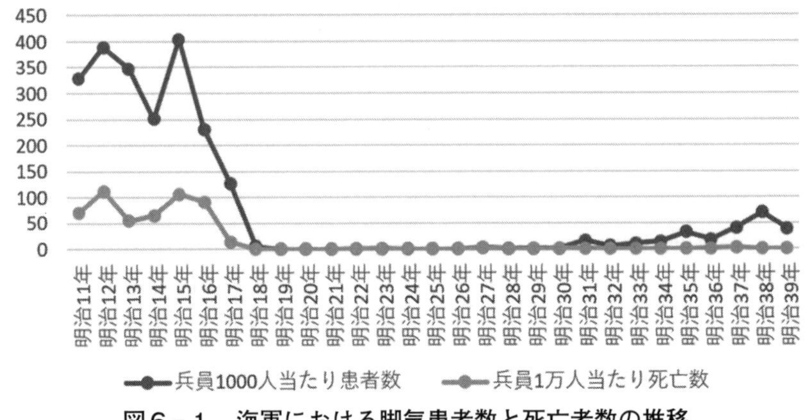

図６－１　海軍における脚気患者数と死亡者数の推移

高木は1920年に亡くなるが，日本で脚気がビタミンB欠乏症として認められ，脚気に対する麦飯の効果が解き明かされるのは1925年のことである。高木の学説は現在の考え方からみれば誤りであったが，高木の研究がビタミン発見につながる世界でも先駆的研究であったことは確かである。後年明治39年に母校のセント・トーマス病院医学校で脚気の原因，予防，治療について講演し，その内容は医学誌の最高峰ランセットにも掲載された（Takaki, 1906)。今でも南極大陸に４人の世界的ビタミン学者と並んで高木の名が岬に付けられている。

陸軍と脚気

陸軍がはじめて国外で脚気惨害にあったのは日清戦争中である。脚気による入院患者数は34783人，死亡者は3944人であり，患者数第二位である赤痢の３倍近くである。

日清戦争の10年後，再び陸軍は脚気惨害に見舞われる。1908年10月10日『医海時報』に掲載された「日露と脚気」によると，２万7800人以上が脚気で死亡したとされている。

日清戦争中，野戦衛生長官は石黒忠悳であった。20歳で医学を志し，1871年，兵部省軍医寮に出仕する。1890年10月陸軍軍医総監に昇進し，陸軍省医務局長となる。日清戦争中は大本営野戦衛生長官を務めた。1897年，新官制の陸軍軍医総監に任命される。９月に医務局長を辞任して休職し，1901年，予備役に編入される。

石黒は脚気を洋食や麦飯によって防げるということを認めず，米食を信奉していた。まず，高木が筑波の実験航海を成功させた後，陸軍内でも海軍を見習って洋食を導入しようとの意見が出ていたが，これに石黒は反対し，日本食すなわち米食を支持した。そのころ，陸軍では森林太郎が兵食試験をおこなったが，石黒はその結果に基づいて，米食に問題はないと結論付けた。それどころか，実験航海の数か月後に出版された本では，そもそも脚気が食べ物を原因とするとは認めないと述べている。

> 食物に於ては兵隊之が為めに平人より脚気に罹るの多き原因の専一なるものとは認めさるなり（石黒，1885, p.14）

日清戦争の直後，下関条約に基づいて台湾に日本軍が進軍した際，脚気患者が多数でた。それにもかかわらず，石黒はなぜ頑なに麦飯の支給を阻んだのであろうか。日露戦争後の1913年（大正２年）６月に出版された陸軍衛生制度史によせられた石黒の陸軍衛生部旧事談によれば，次のように述べ，断固として麦飯の支給を命令するつもりのなかったことがわかる。

> 国民の常食たる米食を止めさせて，専ら麦食をさすという命令を，しかも衛生官の建議として，殊更脚気予防の為とて発するには，確たる学理上の基礎に担らなければならぬ（石黒，1913, p.7）

石黒が学理とここで呼ぶのは（東京）帝国大学医学部を中心とした西洋特にドイツの医学に基づく医学界の事である。ビタミン発見以前の当時，麦飯を米飯に優先させるべきだという主張をする者は帝大医学部に連なる医学者の中に存在していなかった。

石黒は日清戦争後，1897年９月に医務局長を辞任する。その後，石黒の後継者として医務局長になったのは小池正直であった（正確には両者の間にもう一人いる）。小池正直（1854～1914）は出羽国庄内藩士小池正敏の長男として鶴岡で生まれた。1881年東京大学医学部を卒業し，直ちに陸軍軍医副に任ぜられた。日清戦争中，第一軍の兵站軍医部長に任命された。1898年夏に軍医監に昇進，同時に陸軍省医務局長になる。日露戦争では野戦衛生長官兼満州軍総軍医部長を務め，1905年に６月に軍医総監に昇進した。前任者石黒にとって小池は後継者候補であった。『男爵小池正直伝』におさめされた石黒忠悳「忠実を以て終始した小池男」には「わしの眼で早くから此人物を後継者の１人と睨んでおいたのは，つまりこの忠実を第一に取ったのサ」（佐藤，1940, p.1045）と書かれている。

図６－２　『小池正直伝』中表紙にある石黒忠悳の題字

石黒をして「忠実」と言わしめ

た小池は麦飯についてどう考えていたのだろうか。小池が医務局長になる前年の1897年に出版された「日本陸軍衛生上の概況」には大日本私立衛生会の総会で小池が演説した内容がおさめられている。その中で小池が陸軍の兵食と脚気について触れているが，次のように記録されている（小池，1897）。「陸軍軍医学校などにても森教官等が精密なる実地試験を遂げた其成績で見ても洋食よりも米麦混食よりも純米食が一番善く消化され吸収され力源になるのである，でありますから我陸軍の兵食は甚た宜しい立方で少しも不都合がないと信する実際彼の日清役にも我兵は此米の飯を食うて目覚ましき働きをなし大勝利を得たのである（喝采）」。石黒に迎合する麦飯批判，米食推進の発言である。

その後，日露戦争中，小池は野戦衛生長官を務めるが，戦争開始時点で彼は麦飯の支給を実行しなかった。結果的に２万８千人におよぶ兵卒が脚気により死亡した。石黒に忠実だった小池は日露戦争において，米食にこだわった結果，多数の死者を出すに至ったのである。

4. 分析

明治時代，国外で陸海軍が脚気惨害に直面した後，脚気対策の方針を決めていた医務局長が次にどのような方針をもった人物を後継者として選んだのか，整理してみよう。当時，脚気対策の方針としては大きく分けて２つあり，通説として白米を食べても構わないとする説（白米説）と脚気予防として白米の代わりに麦飯を与えるべきという説（麦飯説）が存在していた。この白米説と麦飯説をめぐって，陸軍と海軍で異なる医務局長人事がとられたことにより脚気対策の方針および結果が大きく異なるに至った。

松井・村上（2021）では，以上の分析に当たり，ゲーム理論を用いる。具体的には継承ゲームと呼ばれるゲームを構築する。

継承ゲーム

プレイヤーは先任者１名と後継の候補者２名（以下、候補者）からなる。先任者をプレイヤー０と呼び，候補者２名をそれぞれプレイヤー１，２と呼ぶ。脚気の事例のように，世界に不確実性があり，白米説と麦飯説のいずれかが正しいとする。ただし，各プレイヤーはどちらが正しいか知らない。情報が何もない段階では二つの説は同程度に確からしい（正しい確率が１/２ずつだと思っている）とする。

継承ゲームは２つの期からなり，第１期では先任者０が世界の状態（白米か麦飯か）に関する不確実な情報を得て，より確からしい行動――白米支給か麦飯支給――を採る（その意味で第１期の先任者の行動は戦略的ではない）。第２期では候補者２人がそれぞれ独立に不確実な情報を得，先任者の行動も観察した後――しかし，競争相手の情報や行動を見る前――に自分の意思決定を行う。この期ではさらに，先任者が２人の候補者の実際の行動を見た後，１人を自分の後継者に選んで指名する。いずれの意思決定においても自分の情報は観察できるが，他者の情報は観察できないとする。先任者および２人の候補者の情報の確からしさは互いに異なり，一般性を失うことなく，候補者１の情報が候補者２より確からしい（正しい可能性が高い）とする。この意味において，前者が後者よりも優秀である。

先任者は私利私欲がないとし，その目的関数は正しい選択を行う確率の最大化であるとする。一方，候補者は，自分が選ばれるという前提の下で，正しい選択を行う可能性をなるべく高めたいと思っているとする。すなわち，各候補者は自分が後継者になることが必要であり，かつそのときに正しい答えを選んでいることが必要である。すなわち，後継者になれなければ意味はないし，また後継者になったとしても誤った答えを導いてしまっては意味がない。もし候補者１と２が同じ利得をもたらす

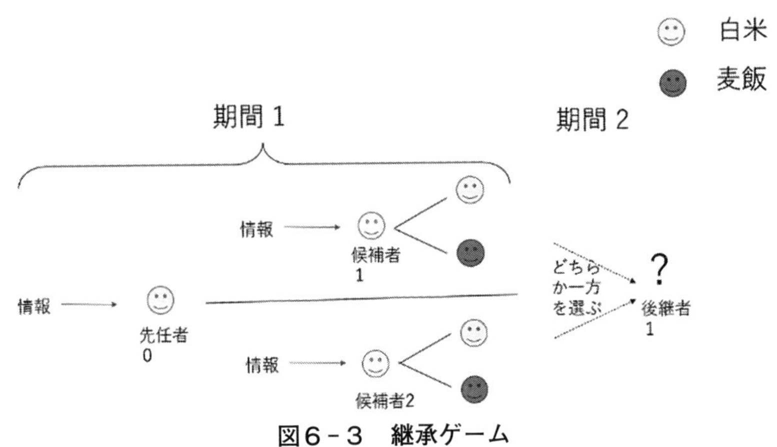

図６－３　継承ゲーム

なら，先任者はより優秀である１を後継者に指名するとする。

重要な問いは，各候補者は自分の情報を用いて正直な行動を採るか否かということである。正直な行動（正直申告）とは，自分の情報が白米有利であったら白米支給を選び，麦飯有利であったら麦飯支給を選ぶというものである。

情報均衡と海軍

候補者が２人とも正直申告を行っている場合が最も情報が正確に得られる。したがって，まずそのような均衡を情報均衡と呼び，その存在の有無に焦点を当てる。

先任者が候補者たちよりも有益な情報を得ているときには情報均衡が存在しないことが示される。この点を見るために先任者が白米支給をしているとしよう。候補者がともに正直申告をすると，候補者２が指名されるのは１が麦飯派になり，２が白米派となったときのみである。このとき，２は常に白米派となるインセンティブを持つ。麦飯を採ってしまうと，２は後継者になる道が絶たれるが，白米を採っておけば，１が麦飯を採ったときに２が後継者に指名されることになるからである。

情報均衡が存在するのは候補者１が先任者よりも実力がある（確からしい情報を持っている）場合のみであることが示される。このときには，先任者は候補者１を信頼し，その情報と意思決定に組織の命運を委ねることができるからである。ただし，両候補者が正直申告を行う情報均衡では，必ず１人（候補者１）の意見のみが採用され，情報の集計は行われない。

海軍では，脚気対策については戸塚に比べ高木がより優秀で，かつ強い信念をもっていた。戸塚は高木を後継者に指名し，高木が自説の麦飯による脚気予防を実行した。海軍の脚気対策は情報均衡の実現とみることができる。

同調均衡と陸軍

続いて，各候補者が先任者の行動に同調し，常に同じ行動を採る均衡を考察する。同調戦略とは自分の情報に関わらず，先任者と同一の行動を採る戦略のことである。両候補者が同調戦略を採るような均衡を同調均衡という。

石黒は小池に比べ，強い信念をもって米食を信奉していた。小池はその石黒に同調し，あからさまに米食を批判することや，麦飯を導入するようなことはしなかった。その結果，日露戦争においても脚気惨害を引き起こした。陸軍の脚気対策は同調均衡の実現とみることができる（モデルでは先任者の選好は真実を追求するものであった。これは同調均衡をもたらす上で厳しい仮定である。歴史的にみれば，石黒は米食にこだわりをみせており，真実を追求する姿勢だけとは言い難い。モデルにおける先任者の選好を石黒のように偏ったものにしても，同調均衡は達成される）。

同調戦略の下では，候補者の行動は何も情報をもたらさない。したがって，先任者０は自分の情報のみを信じることとなり，同じ行動を後継者にも採ってもらいたいと思うだろう。したがって，各候補者は同調戦略から逸脱するインセンティブを持たない。同調均衡は常に存在することになるのである。そして，同調均衡の下では，当然情報の集計は行われない。

明治期日本の陸軍および海軍では医務局の局長は後継者を実質的に指名することができ，継承ゲームがプレイされていた。モデルにおいて，海軍では壬午事変および練習船龍驤で脚気被害を出した戸塚，陸軍では日清戦争で脚気惨害を出した石黒が先任者である。選ばれた後継者は，海軍では高木，陸軍では小池であった。海軍では麦飯が導入され，その後の海外における軍事行動，日清戦争および日露戦争において脚気患者をほぼなくすことができた。一方の陸軍では，再び日露戦争においても多数の脚気患者および死亡者を出した。それぞれ海軍は情報均衡，陸軍は同調均衡がとられたものとして考えることができるであろう。

5. おわりに

このように，医学制度が難病に関する知識の集約を妨げることがありうることが判明した。明治期日本の陸軍および海軍では上司に「人事権」があった。すなわち，医務局の局長は後継者を実質的に指名することができた。このようなゲームのもとで，海軍では部下の情報・知識・能力を活かす人事が制度として実現し，陸軍では部下の同調を促す人事が実現した。情報が正しく利用されるためには（定説を覆すには），上司を上回って部下が優秀でなければならない。一方，同調的な制度においては正しい情報が失われる可能性があった。日清戦争のみならず日露戦争においても麦飯を支給できなかった陸軍の脚気惨害は同調型制度がもたらしたものとみることができる。

以上をふまえ，今後知識を集約し，難病研究を進めることによって難病者を社会に包摂するためには医学制度も検討する必要があることが示唆される。

学習課題

・同調均衡は現実社会においてしばしば見られる。どのような現象が同調均衡によって引き起こされるか。障害や難病を例にとって考えてみよう。

参考文献

・青木昌彦. (2008).『比較制度分析序説：経済システムの進化と多元性』. 講談社学術文庫.

・石黒忠悳. (1885).『脚気談』. 英蘭堂.

――― (1913).「陸軍衛生部旧事談」. 陸軍衛生制度史, 1-48.

・小池正直. (1897).「日本陸軍衛生上の概況」. 順天堂医学, 第30巻, 第253号, 650-664.

・佐藤恒丸等 (1940).「男爵小池正直伝」.

・松井彰彦, 村上愛. (2021).「明治期日本の医学制度と「難病」：帝国陸海軍の脚気対策」. 経済分析203号, 214-251.

・Haendel, M., Vasilevsky, N., Unni, D., Bologa, C., Harris, N., Rehm, H., ... & Oprea, T. I. (2020). How many rare diseases are there?. *Nature reviews drug discovery, 19* (2), 77-78.

・Mokyr, Joel (2016) *A Culture of Growth*: Princeton University Press.

・North, D. C. (1990). *Institutions, institutional change and economic performance.* Cambridge university press.

・Takaki, Baron (1906) "The preservation of health amongst the personnel of the Japanese navy and army. Delivered at St. Thomas's Hospital, London, on May 7th, 9th, 11th, 1906," *The Lancet May*, Vol.19, pp.1369-1374.

7　みんなのための市場

松井彰彦

《目標＆ポイント》　障害者を含む万人のための社会制度を作るために，私たちは市場制度を活用する必要がある。また，それだけではなく，福祉制度など他の制度を設計する際にも市場制度の特徴を理解した上で，それを応用していかなくてはならない。本章では，市場制度の特徴を織り交ぜながらいくつかの事例を見ていきたい。1，2節は市場の活用と創造，3節は市場の役割としての自立の手助け，そして4節はお互いに支え合うという市場の本質に引きつけた事例を紹介する[1]。

《キーワード》　市場の活用と創造，アトリエ　インカーブ，やまなみ工房，自立と市場，市場の本質

1．アトリエ　インカーブ

街中でも小雪が舞う寒中のある日，大阪の天王寺からさらに南に下った瓜破（うりわり）にあるアトリエ　インカーブを3年ぶりに訪れた。アトリエ　インカーブは不思議な空間だ。光が部屋中に満ちている。これが社会福祉法人の施設だとは，言われなければわからない。建物の中に入ると懐かしい笑顔が迎えてくれた。施設長の――というよりアートディレクターと呼んだほうがしっくりする――今中博之さんのオフィスに入ると，すぐに一枚の絵が目に留まった。

1　本章の議論は，松井（2018）に基づく。

図7－1　阪本剛史「よさこい祭り」（筆者撮影）

図7－1にあるように，祭で踊る「人物」が7人描かれている。その「人物」の一人ひとりが個性的で面白い。真ん中の「人」は虎の顔をして，耳はみかん。まるでお正月の鏡餅が舞っているようにも見える。右端の一体はかわいい女の子のようでもあり，鹿のようでもある。「今売出し中の阪本剛史さんです。」

今回の訪問の用向きはアート市場，とくにインカーブのアーティストたちが創り出しつつある新しい市場の話を聴くことである。障害者アートというとそれだけで福祉の対象と決めつける人たちが少なからずいる。それが逆に障害者が社会で活躍する機会を奪っている気がしないでもない。インカーブのアーティストたちの作品は市場で評価されるだけの力がある。市場は弱肉強食のジャングルではなく，「社会的弱者」と呼ばれる人々に力を与える場である。私はそのことを体現する実例を探していて，インカーブに出会ったのだった。

用向きの話が終わると，早速作品に戻る。阪本さんの他の作品も10枚以上見せてもらう。独特のまんまるの目でこちらを見つめる擬人化された動物たちが印象的である。色使いも素敵だ。どれもなかなかによい。が，やはりほしいのはこれだ。背景のオレンジがかった茶色がうちのくすんだ色のでこぼこ壁にぴったりだろう。

インカーブでは福祉畑ではなく，（今は社会福祉士などの資格も取っているが）アート・デザイン畑を歩んできたスタッフたちがアーティストたちの支援を行っている。彼らの作品（アート）を市場でお披露目することがスタッフたちの重要な仕事である。アーティストは総勢26人（当時）。全員が——社会の基準で言えば——知的障害者である。

しかし，先入見なしに彼ら自身の説明に耳を傾けると，障害者とは気付かない。見ている傍らでどんどん筆が進むアーティストもいる。最初に訪れたときもそうだった。

寺尾勝広

「寺尾さんです。」大きな机を埋め尽くす鉄骨をモチーフにした絵に吸い込まれそうになる。「そっちを乾かしている間，こっちを」と説明しながら手を動かす寺尾勝広さんは多作家だ。2メートル四方の絵を2週間程度で描きあげてしまうこともあるという。市場では，その絵に400万円の値がつく。売上代金は必要経費を除いた後は寺尾さんの懐に入る。

寺尾さんが金沢美術工芸大学で制作の実演を行ったときのことである。その集中力に会場はしんと静まり，その後のQ＆Aセッションでは多くの質問が寄せられたという。今中さんが著した「観点変更」によると，ある女子学生が「寺尾さんは毎日，同じ鉄の絵を描いてて，飽きないですか？」と訊いた。それに対し，寺尾さんは「好きやから，飽きへん」と答えたという。彼女は泣きだした。そのすすり泣きはまわりに広がっていった。「私は子どものころから絵が好きで……。だからこの大学にも来て……，だけど今では教授の顔色や受けをねらったものばかりが頭の中をかけめぐる……，好きだからって言える寺尾さんはすごい……」

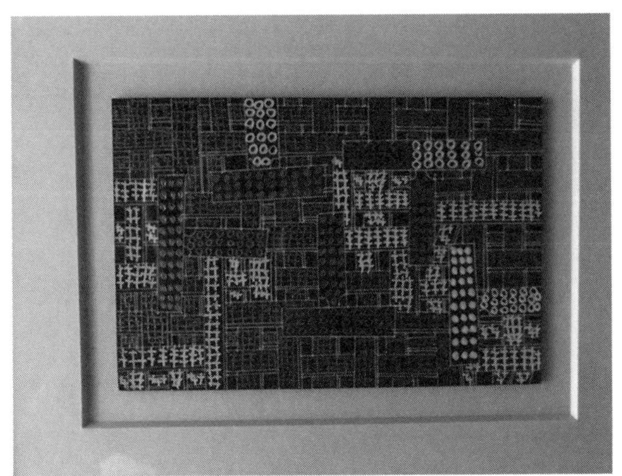

図７－２　寺尾勝広「ねじ」（筆者撮影）

自らデザインを学び，デザイン関連の大企業に勤めていた今中さんは言う。「彼らはテーマがぶれないんですよ」。30歳前くらいからオリジナリティとは何かで悩んでいた今中さんは，寺尾さんの描いたものに触れて，「私にはこんなにもオリジナルなものは作れない」と感じた。それと同時に，知的障害者という理由で，単純作業，工賃と呼ばれる最低賃金以下の水準に押しとどめられている彼らの現状に呆然としたという。

オリジナルな才能は教育と競争だけでは育まれない。「教育は邪魔です」と今中さんはきっぱりと言う。型にはめられるような教育を受けてきた彼ら――健常者の指示をよく聞くよう躾けられてきた彼らは，インカーブに来た当初１年くらいは，自由に描いていいと言われても当惑して，筆が進まないという。そんなとき，下手に指示を与えればオリジナリティのない指示待ち人間になってしまうし，競争だけが強調されたら伸びる芽は全て摘まれてしまう。

一定の生活基盤を福祉によって確保しつつ，才能を開花させたアーティストは世界のアート市場で勝負する。格差は生まれ，結果の平等を重視する立場からは批判もされる。しかし，「知的障害者」というレッテルを貼られたら，そのグループの平均と同じ暮らししかしてはいけないのであろうか。一部のプロ野球選手が大きく稼いでも，それはその選手の実力であって，誰も文句を言わない。「知的障害者」が，その実力が認められて稼ぐことを否定する構造の裏には，自分より下に見ていた「障害者」が上に行ってしまうことへのやっかみが隠されていないだろうか。「彼（寺尾さん）は私より稼いでいますよ」と今中さんは笑って言う。

税金の世話になっているという意見もあるかもしれないが，道路，治安，上下水道など，私たちはみな，税金の世話になっている。障害者だけが税金の世話になっているわけではない。そして，海外で売れる絵が描けるようになれば，私たちよりも社会経済に貢献できる人材になる。

しかも，寺尾さんは，たとえ渡航経験がなくとも真のグローバル人材だ。海外の市場では２メートル四方の絵が400万円で売れる。大阪のアートフェアでも，私が数万円するはがき大の絵（**図７－２**）を買おうか買うまいか悩んでいるとき，フランスの画廊関係者がやってきて，部屋を見回し，一番大きい寺尾さんの絵を見て，すぐさま購入を決めていった。真のグローバル人材の元には海外から人がやって来る。

寺尾さんも大阪アートフェアにいたのだが，相手が誰であれ媚びないその態度はギリシャの哲人ディオゲネスを彷彿（ほうふつ）とさせる。その昔，その変人・哲人ぶりの噂を聞きつけたアレクサンドロス大王はディオゲネスが住んでいる洞窟を訪ねる。誰でも呼びつける大王としては異例の対応だが，そのやりとりがすごい。洞窟の入り口に立って，「望みのものがあれば何でもかなえてやるから申してみよ」と言う大王に，「あなたがそこに立っていると日陰になってしまうのでどいてください」と答えたという。寺尾さんは，ディオゲネスのように権力にへつらわず，自由を愛し，干渉を嫌う人間である。

為政者が下手にレールを敷けば，敷いたレールの上しか歩もうとしない人材しか育たない。「好きやから，飽きへん」と，鉄骨の絵をひたすら描き続ける寺尾さんは海外の市場で評価され，市場に支えられて，成長する。

2. 忍者の里から表参道へ

大阪を離れた後，忍者の里，甲賀市にある『やまなみ工房』を訪れた。前日に積もった雪と青く澄み渡った空のコントラストがまぶしい。工房では，芸術家（アーティスト）たちが思い思いのやり方で創作に励んでいた。井上優さんは床にひざをついて，畳２，３帖分もある大きな絵に細かい模様をひたすら丹念に描きこむ。吉川秀昭さんは作業台に向かって箸で陶土に細かい穴を開け続ける。

すると，それまでソファにうずもれていた大原菜穂子さんが突然起き上がり，陶土を切って丸め始めた。１分ほどでお地蔵さんのような人形が完成する。創作にかける時間は一日10分ほど。それでも，倉庫は作品を焼く竈（かまど）の順番を待つ人形たちであふれている。

気になる作品があった。栗田淳一さんの絵だ。感情に起伏があり，穏やかなときと心が騒ぐときとでは描く絵が別人のもののようだ。**図７-３**「生命の息吹き」は穏やかなときに描かれたという絵だ。草木で型どられた妖精が手のひらにふぅっと息を吹く。それによって，この世に生命が満ち溢れていく。この作品を撮って知人に見せると，すぐさま「買いたい！」という声が上がった。

図７－３　栗田淳一「生命の息吹き」（筆者撮影）

市場はヒトとモノ，ヒトとヒトをつなげる場である。作品（アート）にも市場が必要だ。市場がなければ，私たちは素晴らしい作品（アート）に出会えない。それまでお互いに知らなかった人同士が市場を介して突然結びつく。そのこと自体が市場の力だ。

そんな市場をつくりだしている女性にお会いした。株式会社Fosterの杉本志乃さんである。前述のやまなみ工房の作品を展示したところ，売れ行きがよかったということで，2017年３月に東京は表参道のGYREで大々的な展覧会を企画した。もちろん，作品を実際に見てもらい，買ってもらうためである。展覧会が始まって，１，２週間してから訪れた私は，目を丸くしてしまった。数十万円もする大きな作品を中心に過半の作品に売約済みのシールが貼られていたのである。その中にはやまなみ工房で出会った栗田淳一さんの大きな絵も含まれていた。心が騒ぐときに描いたほうの絵だ。

市場を通じて，芸術家（アーティスト）の支援者になるもよし，作品（アート）を純粋に愛でるもよし，作品（アート）に投資するもよし。こう考えるべきだ，などという定型はない。自分の想いや行動は自分が決める。それが市場のいいところだ。芸術家（アーティスト）たちが思い思いに創作活動を行うのと同様，私たちも思い思いにアート市場に参加すればよい。

よさこい祭り

私の心を捉えた阪本さんの絵の話に戻ろう。聞けば，３月のニューヨークのアートフェアに出品するという。「いつまでにお返事すればいいでしょうか」「今週の金曜日には梱包しますので，それまでにいただければ」「アートフェアの目玉作品のようですが，購入してしまってもよいのですか」「はい，うちとしてはそのほうが有難いです」。即決しかかったが，いかんせん大きな買い物である。帰京して家族の決済をとり，納まりを確認してから連絡した。「買います！」

このような取引の１つひとつが市場を創り出していく。市場は何もアートフェアのような物理的な場のことではない。売り手と買い手が結びつくところはどこでも市場である。市場は不思議な出会いを授けてくれる。私はアート市場であのまんまるな目に逢って，正に魅入られてしまったのかもしれない。

市場は厳しいが，正直だ。お追従も言わない。「障害者の支援が大切だ」という人も，本当に価値があると思わなければ，今見ている作品（アート）に大枚を払おうとはしないだろう。

市場は格差を生み出すが，同時に夢も与えてくれる。インカーブに来る前にワンパターンの軽作業を行う施設に通っていたというアーティストの母親が，ある時こう言ったという。「この子が一生のうちで一回だけでもええから，パーッと打ち上げ花火みたいに輝いてくれる。それだけでええんです。それで消えてもええんですわ」

しかし，彼らは今，作品（アート）市場を通じて障害者ではなくアーティストとして，打ち上げ花火ではなく恒星として輝きだす。

3. 障害者と自立

第 1 章で少し紹介した熊谷晋一郎さんの話を続けよう。熊谷さんは，東京大学先端科学技術研究センターに所属する小児科医で障害の当事者研究の第一人者である。生後すぐの高熱が原因で障害者となり，現在でも車椅子の生活だ。

彼の母親は熊谷さんの教育に情熱を注ぎ込んだ。医師の指示のまま，健常者と同様の動きを要求され，うまくできないと叱られもした。ある時，熊谷さんはふと思った。「このままじゃ，ぼくは母が死んだら死ぬな」と。

親の反対を振り切って山口県から上京し，一人暮らしを始めたのが18歳，大学生になったときだった。「自立した」と感じた。もちろん，さまざまな支援が必要な熊谷さんの生活は非障害者が思い浮かべる意味での「自立」とは異なるかもしれない。では，何が自立を感じさせたのだろうか。

「自立」は「依存」の対極である。熊谷さんは母親依存から脱却して，自分で自分の生活を組み立てるようになる。現在，熊谷さんの支援者はリストにあるだけで数十人に上る。必要に応じて，彼らに支援を要請するが，特別な一人に負担をかけることはない。太いが切れたら終わる一本の命綱に頼っていた生活から，ゆるいつながりで形成された支援市場の網の目に支えられる生活となったのだ。

この話を聞いて，宮沢賢治の「なめとこ山の熊」という童話を思い出した。熊と豪気な猟師の小十郎，そして彼が命を賭けてとってきた熊の毛皮を二束三文で買い取る商人の話だ。なめとこ山の熊のことならおもしろい――。お話はそんなふうに始まる。熊が主人公かと思いきや，それを倒す豪気な猟師，小十郎の話だ。小十郎が熊の親子の会話を聞くところを読んで，ははあ，猟師と熊の話だなと思うと，また裏切られる。

この豪気な小十郎が町へ熊の皮を売りに行くときのみじめさがこの物語の主題である。町の荒物屋で，あの豪気な小十郎が，どう考えても安いとわかっている2円という値段で皮を買ってもらうために，必死に店の主人にお願いをするのだ。

この童話を読んで，市場の不条理を憤る人もいるだろう。反対に市場なのだから仕方ないとうそぶく人もいるかもしれない。だが，どちらの意見ももう少し吟味してみる必要がある。

一番の問題は，小十郎がこの毛皮を強欲な商人に売るしかお金に換える方法を知らないという点である。小十郎の生活は商人に依存してしまっているのである。母親の愛情と商人の強欲を一緒にするなとお叱りを受けそうだが，「依存」という一点に関しては共通するものがある。

商人の強欲が問題になるのは市場のせいではない。むしろ，市場がない――小十郎に選択肢がない――ことが問題である。小十郎にとって，この商人は命綱なのだ。そして，そのことを知っている商人はそれを利用する。

市場の特質は，よかれあしかれ，そのしがらみのなさにある。もちろん，市場経済のもとでも，私たちはさまざまなものに依存している。スーパーやコンビニがなければ三度の飯も満足に食べられない。店にしても，お客が来なければ困ってしまうから客に依存している。しかし，特定の誰かと強い依存関係に陥ることはない。A店でモノが買えなくてもB店に移れる。Cという客に嫌われてもDという客がモノを買ってくれれば店は商売になる。数多くのゆるいつながりに支えられた生活，それが市場経済の本質である。

熊谷さんは言う。「依存先が十分に確保されて，特定の何か，誰かに依存している気がしない状態が自立だ」。たくさんのものに支えられている状態が自立なのだ。

市場は多くの場合，さまざまな選択肢を私たちに与えてくれるが，それとても絶対視すべき存在ではない。お金を稼ぐことが自己目的になっている人がいる。これは私に言わせれば，お金依存症である。お金がないと不安で，何でもお金に換算しないと先に進めない。依存先がお金しかないのである。

先立つものがないのはさすがに困るが，お金で手に入れることができないモノもたくさんある。とくに精神的な満足感は多くの場合，市場以外のところで手に入れるしかない。大震災のとき，市場の物流がストップして，それ以外の物資調達が盛んに行われたり，人々の善意が市場の損得に代わったりしたことも記憶に新しい。

市場に依存しきってしまうこともまた，脆弱（ぜいじゃく）な基盤の上に立った自立と言わざるを得ないのかもしれない。私たちはそのことを十分認識した上で，市場とのつき合い方を考えていかなくてはならないのではないだろうか。

4. 支援されながら支援する

2016年，福島県いわき市にある平養護学校（瀬戸良英校長，当時）を訪問した。いわき市は東北地方全体で第2位の都市であり，福島県の南東の端にある。同校は肢体不自由児のための特別支援学校で，いわき駅の北，市街地が途切れた緩やかな丘陵地帯にある。穏やかな陽光がふりそそぐ明るい校内が印象的だ。アトリウムには上下階を車椅子で移動するためのスロープが設置されている。

訪問のきっかけは2015年に審査委員として参加した「第２回ふくしま高校生社会活動コンテスト」（ふくしま学びのネットワーク主催）だ。そのコンテストで最優秀賞に選ばれたのがいわき市にある平養護学校生徒会のボランティア部である。

発表者の高校１年生，三浦宰くんが献血への呼びかけや募金活動を紹介した。「私たち障害者はいつも支援を『される側』でした。ボランティアはしていただくもの，そういう意識がありました。しかし，先輩たちが始めたこの活動に加わって支援を『する側』にもなれるんだと思いました」。

審査委員一同，高校生の社会活動の原点をそこに見た。もっと話を聞きたい。そう思って同校を訪問したのである。

校内案内をしていただいた後，今年で３年目となるボランティア部設立の経緯を青木由紀子教諭が話してくれた。同校には普通高校なら数多くあるはずの部活動がない。学校に部活を作りたい。ボランティア部はそんな想いを抱いた１人の高校生の熱意から始まったという。

坂本一磨くんは隣接する病棟から車椅子で登校していた。実家は震災で被災し，仮設住宅住まいのため，同居は難しい。

どのような部活がよいか悩んだ末，坂本くんがたどり着いたのがボランティア部だった。「障害者はいつも与えられる存在だ。これからは障害者からもアクションを起こしていきたい」と語ったという。取材時点，坂本くんは在宅勤務をしながら，ヘルパーさんの力を借りて一人暮らしをしている。

彼の想いは後輩に受け継がれる。高校２年生の樋口侑希さんは，「支援される側から支援する側に立ってみたい」と同部へ入部した。街頭で献血を呼びかける活動では，工夫を重ね，ティッシュや風船を受け取ってもらえるようになったという。「笑顔で声を出すことが大切です」。将来は大学の健康福祉学部に進学し，社会福祉士になりたいという。理由を聞くと，即座に答えた。「助けられてきたので，助ける側に立ちたいです」。

ボランティア部のその後が知りたくて，東京大学でのふくしま高校生社会活動発表会にお招きした。樋口さんたちの後輩がボランティア部を引き継いでいた。発表のタイトルに「#ともに」とある。プレゼンが始まった。「障がい者のための支援，高齢者のための支援」から「障がい者とともに支援，高齢者とともに支援」への転換が大切だと大村莉未さんが説く。谷康大くんはその実践例として，斜度がある車椅子用スロープを自力で上れなかった経験を話してくれた。「上れないスロープがあることに驚いた」という谷くんは，支援が非車椅子利用者から車椅子利用者への一方通行だからこのようなことが起こると考えた。坂道の傾斜を測る「カクシリキ（角知り器）」という道具を自作して測ってみると，上れなかったスロープの斜度は８度あった。障害者が支援する側にも加わらないと，的確な支援はできないのではないか。そう考えて，カクシリキを50以上自作し，全国各地で測ってもらうことにした。「こちらは４度だったよ」などのフィードバックが返って来たという。

障害者支援はともすれば非障害者から障害者への押しつけともなってしまう。それは，生産者が一方的に消費者の好みを決めつけ，モノを作る計画経済のようなものだ。計画経済における生産者は何個作るかに意を砕く。障害者抜きの障害者支援は何件措置したかが重要だ。それに対し，市場経済では，生産者は何個売れるかを考える。売るためには消費者の意を汲まなくてはならない。消費者主権の精神が自然と市場経済には埋め込まれているのだ。障害者支援も同じである。支援にも当事者主権を埋め込んでいかなくてはならない。措置制度から契約制度への移行はその重要なステップなのである。

支援されながら支援するという考え方も市場制度の下では自然な考え方だ。私たちの社会で，他のだれにも何にも頼らず生きていける人はいない。自分がだれにも頼っていないという人も「特定の誰かに頼ってはいない」というだけだ。市場で誰かが作ったものを食べている人も誰かのために何かを作っている。市場での関係は「おたがいさま」の関係なのだ。障害者と社会の関わりだって同じことがあってよい。支援されながら支援すればよい。それが複数の人間から成る社会の本質だからだ。

また，市場で重要なことは，自分のことは自分で決めるということだ。ここにも人間社会の本質がある。国連の障害者権利条約（CRPD）の標語は，「私たちのことを私たち抜きで決めないで（nothing about us without us)」というものである。平養護学校の学生たちはこの標語を実践に移しているといえよう。平養護学校は平支援学校と名称を変えていた。「『支援し合う』という私たちの考えに合致しています」と，大村さんが力強く語ってくれた。

学習課題

・市場の原理のどのような点をどのように障害の問題に適用していくべきか考えてみよう。

参考文献

・松井彰彦. (2018).『市場って何だろう』. ちくまプリマー新書.

8 制度をどう変えるか

川島　聡・松井彰彦

《目標&ポイント》 本書の中間点がこの第８章である。本章は，第７章までの経済学的な分析を振り返り，第９章からの法学的な分析につなげることをめざす。慣習や法という制度は一般制度と特別制度に分けられる。障害者を社会から排除する機能を果す法（排除する法）もあれば，障害者を社会に包摂する機能を果す法（包摂する法）もある。後者として，障害者への差別を解消する法と，障害者の自立を社会福祉で支える法がある。これらのことを理解するのが，本章の要点である。
《キーワード》 一般制度，特別制度，排除する法，包摂する法，差別解消，社会福祉，健常者主義，事柄主義，パターナリズム

1．障害者の社会的排除

慣習と法律

本章は，本書の中間点である。そこで，前章までに述べてきたことを踏まえつつ，次章につなげながら，障害者を排除する制度をどう変えるか，障害者を包摂する制度をどう創るか，という本書の課題を考える。

１つの例を挙げることから始めよう。ある視覚障害者がアパートで独り暮らをしたい，という例だ。その視覚障害者はアパートの物件を探しに不動産業者に訪れた。しかし，業者から「一人暮らしなんて無理だよ」と言われてしまった。業者は，悪気があったわけではない。そもそも視覚障害者が一人暮らしをするなんて無理だと考えていただけだ。だから，

業者は「あたりまえ」にアパートを紹介しなかったのである。

この業者の「あたりまえ」は偏見である。実際に視覚障害者がアパートで一人暮らしをしている例があるからだ。しかし，人々が偏見に囚われていれば，視覚障害者はアパートを借りることができず，社会から排除される。

障害者を排除してしまう不動産業者の態度は，長い期間にわたって，広く一般に見られる慣習を反映している。慣習は制度である。制度には法律も含まれる。偏見やステレオタイプ，嫌悪などを背景として成立した制度（慣習や法律）の下で，障害者は社会から排除されてきた。もちろん，障害者の社会包摂に資する慣習や法律もあるが，おおむね現実はその逆であったことを歴史が証明している（**第1章〜第3章**）。

個人の心身の特徴は多様である。その特徴が○○障害や○○病，○○症と名付けられ，その特徴をもった人々が社会から排除される。感染症（**第5章**）や難病（**第6章**）は社会によって作られる。そして，感染症や難病のある人々は社会から排除される。ハンセン病者を隔離したらい予防法や本人の同意なく強制不妊手術を認めた旧優生保護法は，法律自体が障害者を差別し，社会から排除した例だ。その法律が障害者を排除する慣習をさらに強固にしていくのである。

障害者を社会から排除する機能を果す法を「排除する法」という。「排除する法」は，障害者が尊厳をもって自分らしく自立的に生き，社会に等しく参加することを妨げる。

一般制度と特別制度

繰り返すが，制度には法律や慣習が含まれる。形式上，人々一般のための制度を一般制度という。一般制度は，障害者と非障害者とを対象としうる。

しかし現実には，障害者は一般制度から排除されてきた。たとえば，会議で議論をしたり交渉をしたりする際の意思伝達（コミュニケーション）の方法は何かといえば，口で話して耳で聞くという音声言語である。音声言語の使用は，どの会社でも一般の慣習（一般制度）になっている。しかし，音声言語の使用は，障害者が不可視化されたままできた慣習である。耳が聞こえない人のニーズは，その慣習から排除されている。

公職選挙法という選挙のルールを定めた法律がある。これは成人の国民を対象とする一般制度である。つい最近まで，成年被後見人は，公職選挙法の下で選挙権が剥奪されていた。2011年に東京地裁で違憲判決が出るまで，選挙の法制度から成年被後見人は排除されてきたのである。

慣習にしても法律にしても，しばしば一般制度は障害者を排除する。なぜ一般制度が障害者を排除するかと言うと，一般制度は「健常者」を想定しているからだ。目が見えて，耳が聞こえて，足が動いて，判断能力が一定程度以上ある。そのような「健常者」を想定して一般制度は作られてきた。これを一般制度の「健常者主義」という。**第4章**「みんなが手話で話した島」にあるような「手話主義」の一般制度は，歴史上きわめて珍しいのである。

一般制度から排除された障害者は，障害者のみを対象とする制度（特別制度）の対象となった（**図8－1**）。そして，「健常者」の住む世界とは別の世界で，障害者のみを対象とする学ぶ場，働く場，暮らす場ができた。特別支援学校，福祉的就労，精神科病院，障害者施設，である。これらは，通常の学校，一般就労，地域生活という一般制度から隔離・分離された特別制度である。

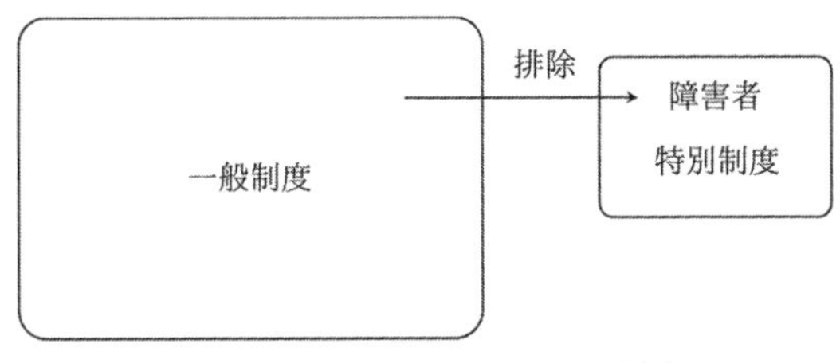

図８－１　一般制度と特別制度

今日，障害者を排除してきた一般制度を「健常者」だけの制度とせず，一般制度の中に障害者を包摂することが，以前より強く求められている（**図８－２**）。その一環として，**第７章**「みんなのための市場」で見たように，市場という一般制度に障害者を包摂させる実践も少しずつ積み重ねられている。

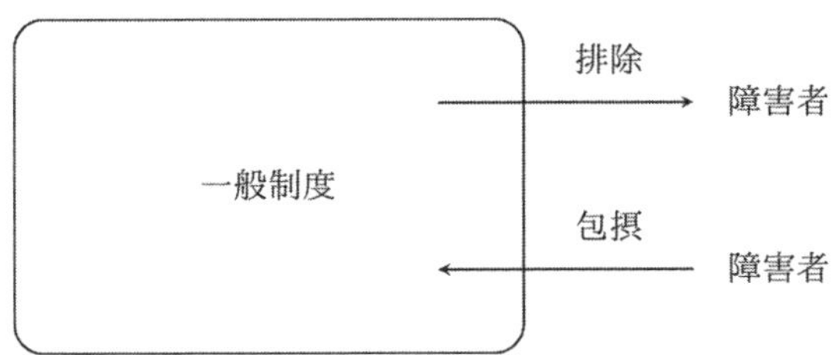

図８－２　一般制度と障害者の排除・包摂

「排除する法」から「包摂する法」へ

障害者の社会包摂を促すような慣習を生み出す方法には，さまざまなものがある。その方法として，次章以降で着目するのが立法である。すなわち，「排除する法」を改廃し，障害者の社会参加を妨げるさまざまなバリアを除去し，障害者を社会に包摂する機能を果す「包摂する法」をつくるという方法だ。「包摂する法」は，障害者排除の慣習を変えるのに役に立つ。

「包摂する法」には，条約（国際法）もあれば，法律（国内法）もある。**第９章**では，条約を取り上げる。さまざまな条約があるが，障害分野では障害者権利条約が最も重要だ。**第10章**では，法律を取り上げる。障害者差別解消法である。これらを以下では権利条約や差別解消法と呼ぶ。

権利条約も差別解消法も，障害者差別を禁止する。これらは差別を禁止することによって，障害者を排除する人々の慣行を変えようとする。それは，制度（法）によって制度（慣習）を変える，という企てである。先にみた不動産業者が視覚障害者にアパートを紹介しない例も障害者差別として禁止される。

もちろん法が制定されても，法を守らず，差別をし続ける人もいる。差別の禁止に限らず，法を守らなかったり，法の理念から外れたりするような行動も見られる。たとえば，障害者雇用促進法の下で，８割の中央省庁が計3,460人の障害者雇用を水増しした問題（**第２章**）もある。

慣習を変えること，社会を変えることは，そう容易ではない。たとえ「包摂する法」が成立したにせよ，障害者を保護して社会から隔離するという従来の慣習から，なかなか社会は抜けきれない。法を充実させるだけでは，障害者が選択の機会（自律できる状態，選択できる状態）という意味での自立を現実に享受することには必ずしもつながらない。

ただ，そうとはいえ，さまざまな法ができて，社会や慣習が少しずつ変わってきているという現実も否定できない。差別解消法の下では，事業者が差別をすれば，行政指導を受ける可能性もある。あるいは，差別をすれば不法行為として裁判で訴えられる可能性もある。しかしなによりも差別解消法は，「人々が行動する際の判断基準」となり，人々の行動を一定の方向に向かわせるという行為規範としての意義がある。権利条約は国家を業務の名宛人とするものであるが，やはり行為規範としての意義をもつ。

時間が経つにつれて，差別解消法や権利条約の命ずる差別解消の法理念が社会に浸透していき，障害者が社会から排除されなくなっていく。このような効果が期待されている。私たち自身がその効果を引き出すためには，差別解消の意義と限界がどのようなものかを理解しておく必要がある。次節では，きつねの手ぶくろの寓話を用いて，差別とは何かを考えてみよう。

2. 差別を解消する

きつねの手ぶくろ

ずっと昔，まだ物心つくかつかないかのころ，お母さんやお父さんに読んでもらった絵本を覚えているだろうか。新美南吉『手袋を買いに』もそんな絵本の一冊だったかもしれない。雪が降り積もった寒い冬の晩にお母さんぎつねが子ぎつねに手ぶくろを買ってやりたいと人間の町に行く。しかし,人間を怖れているお母さんぎつねは町の灯が見えた途端,足がすくんでしまってそれ以上進めなくなる。そこでお母さんぎつねは子ぎつねの片手を人間の手に変えてやり，白銅貨を渡してお店に手ぶくろを買いに行かせる。あれほど人間の手のほうを出しなさい，と言われたのに，子ぎつねは肝心なところで店の主人に逆の手，つまりきつねの手を見せてしまう。でも，店の主人は白銅貨をかちかちと言わせて本物であることを確かめて，子ぎつねにちゃんと手ぶくろを渡す。子ぎつねを心配して待っていたお母さんぎつねは，その話を聞いて「人間ってそんなにいいものかしら」と何回もつぶやく。そんな話だ。

この話を聞いて，店主がやさしくてよかったね，とほのぼのすることももちろんOKだ。しかし，店主がやさしくなかったらどうなっていたのだろう。子ぎつねはつかまって，マフラーにされてしまったのだろうか。子ぎつねがマフラーにされなかったのは，店主がたまたまやさしかったからではない。店主が市場規範をわきまえていたからだ。白銅貨をもらった主人は，それが本物であったから手ぶくろを代わりに渡したのだ。

「手ぶくろを買う」という市場取引（事柄）の本質部分はここにある。主人は子ぎつねが人間でなかったからといって分け隔てをするようなことはしない。手ぶくろの対価を（白銅貨で）きちんと払うことが市場取引の本質部分であり，客が子ぎつねか否かは市場取引の非本質部分だからだ。

反対に「手ぶくろの対価を払う」という行為（市場取引の本質部分）は人間の手を出すことで成立する，と店主が考えていたとしたらどうなっていただろう。子ぎつねは人間の手を出すはずだったのに，間違えてきつねの手を出してしまった。この瞬間に取引は成立しないことになってしまう。

人間の手を出すことを「健常者」の行為，きつねの手を出すことを障害者の行為と見なせば障害問題の課題が見えてくる。「手ぶくろの対価を払う」という本質部分の履行の陰に潜む，「人間の手を出す」という行為を必須とする考え方がある。これを「健常者主義」（人間主義）と呼ぶ。それに対し，市場取引という「事柄」の性質を内在的に吟味した上で，その事柄の本質部分を「手ぶくろの対価を払う」（白銅貨を渡す）ことに限定し，それ以外の部分（「人間の手を出す」という行為など）を非本質的なものとするのが「事柄主義」である。次小節で，この点を詳しく見ていこう。

「健常者主義」から「事柄主義」へ

障害者の社会包摂に資する「包摂する法」の代表例が，権利条約や差別解消法である。これらの法は，障害者と「健常者」との間の平等

(equality）を命じ，平等の反対である差別（discrimination）を禁ずる。なお，平等と差別の両概念は多義的であるが，本書の用語法では，平等は平等取扱，差別は差別（的）取扱とそれぞれ言い換えることもできる。

注意すべきは，深く考えることなく差別を禁止して平等を命じるだけでは，障害者の包摂は実現しないどころか，逆に障害者の排除を進めてしまう結果になりうる，ということだ。そのような結果にならないためには，平等を命令（差別を禁止）する際に「健常者主義」に立たないことが必要となる。社会に根付いた「健常者主義」に基づく平等の命令（差別の禁止）こそが，障害者の社会的排除の主たる要因だからだ。

「健常者主義」では，障害がないことがさまざまな社会活動において本質部分とされる。つまり，学校の本質部分，仕事の本質部分，生活の本質部分は，いずれも障害がないこととなる。

そして，「健常者主義」では，平等の命令は「事柄の本質部分（障害がないこと）に関して等しい者を等しく扱う」ことを命ずる。もし平等の命令に反し，「事柄の本質部分（障害がないこと）に関して等しい者を異なって扱う」ことになれば，差別が生じる（**表８－１**）。「健常者主義」（人間主義）の下では，子ぎつねが人間の手を出したのに（障害がないことに関して等しいのに）手ぶくろが買えなかった（異なって扱われた）場合に差別が生じる，ということだ。

表８－１　平等と差別の意味

□平等とは，事柄の本質部分に関して等しい者を等しく扱うことを意味する。
□差別とは，事柄の本質部分に関して等しい者を異なって扱うことを意味する。

その一方で，「事柄の本質部分（障害がないこと）に関して異なる者を異なって扱う」ことは平等に反せず，よって差別ではない（**表８－２**）。

このため，子ぎつねがきつねの手を出し，店主がこれを見て，手ぶくろを売らなくても，（法の命ずる）平等には反せず，（法の禁ずる）差別にあたらない。つまり，子ぎつねが人間の手を出したら手ぶくろを売り（「健常者」と同じように扱い），きつねの手を出したら手ぶくろを売らなくてもよい（「健常者」と異なって扱う），というのが「健常者主義」（人間主義）に基づく平等の意味するところとなる。

表8－2　平等に反しない（差別にならない）場合

□事柄の本質部分に関して異なる者を異なって扱うことは平等に反せず，差別ではない。

「健常者主義」は，障害者が障害をもったまま社会に参加できないという状況を正当化する。社会参加の条件が，障害者が「健常者」になるということだ。そのような「健常者主義」は社会の慣習や法律に刻み込まれている。「健常者主義」を超克しようとする差別解消法や権利条約は，これとは異なる考え方である「事柄主義」に立脚している。だからからこそ，これらの法に障害者の社会包摂を促すことを期待できるのだ。「事柄主義」では，平等（とその反対である差別）を以下のように考える。

まず，「健常者主義」がそうであるように「事柄主義」においても，平等の命令は「事柄の本質部分に関して等しい者を等しく扱う」ことを命ずる概念である（**表８－１**）。しかし，「事柄の本質部分」についての解釈は「事柄主義」と「健常者主義」とで異なる。上記のとおり，「健常者主義」では事柄の本部部分は障害がないこと（障害者でないこと，「健常者」であること）である。

表８－３　健常者主義と事柄主義

健常者主義：事柄の本質部分は障害の有無に（も）あるとする。 事柄主義：事柄の本質部分は事柄の性質ごとに内在的に吟味して判断する。

「健常者主義」とは異なり，「事柄主義」では，事柄の本質部分は各事柄の性質を内在的に吟味して個別具体的に特定していくことになる。これを表したものが**表８－３**である。これを子ぎつねの例にあてはめてみよう。

表８－４　健常者主義の下での平等

	人間の手	きつねの手
白銅貨を渡す	取引成立	不成立★
葉っぱの金を渡す	不成立	不成立

★取引が不成立でも差別ではない（平等である）

表８－５　事柄主義の下での平等

	人間の手	きつねの手
白銅貨を渡す	取引成立	取引成立★
葉っぱの金を渡す	不成立	不成立

★取引が成立しない場合は差別である（平等ではない）

まずは「手ぶくろを買う」という「事柄」を考える。この「事柄」の本質部分は，「事柄主義」では，お店で白銅貨を店主に渡す（手ぶくろの対価を払う）ことのみとなろう。子ぎつねが白銅貨を他の客と同じように渡せば，人間の手であろうときつねの手であろうと，子ぎつねは他の客と同じように手ぶくろが買える（取引が成立する），というのが平等の命ずる内容だ。もしも子ぎつねが，他の客と同じように白銅貨を渡したのに，きつねの手を出したために他の客と異なって手ぶくろが買えない（取引が成立しない）のであれば，差別（不平等）が生じる（**表8－5**）。だが，「健常者主義」（人間主義）では，きつねの手で白銅貨を渡した場合に手ぶくろが買えなくても（取引が成立しなくても），差別（不平等）は生じない（**表8－4**）。

なお，事柄主義においても「白銅貨を渡す」という行為は手ぶくろを買うための本質部分であるため，きつねが渡したお金が葉っぱであった場合には手ぶくろを渡す必要はない（取引は成立しない）し，それを差別とは言わない（**表8－5**）。

従来，「事柄主義」は隅に追いやられていた。他の国でもそうであるように，日本では「健常者主義」がひろく浸透してきた。しかし，近年，新たな展開として，権利条約や差別解消法の下で，「健常者主義」から「事柄主義」への転換が図られている。

「事柄主義」に立つと，まず「事柄」の特定が必要となる。「事柄」には，手ぶくろを買う，レストランで食事をする，バスに乗る，小学校に通う，会社で働く，選挙に行くなど，さまざまなことが含まれる。この世の中で問題となる「事柄」は数え切れないほどある。

それぞれの「事柄」には，それぞれの本質部分がある。本質部分と非本質部分とは対義語である。本質部分でないものは非本質部分となる。（法の禁ずる）差別が生じたか否かを判断するためには，本質部分も非本質部分も網羅的に明らかにする必要はない。それらは問題解決に必要な範囲で明らかにすればよい。

「事柄」を具体的に特定した上で，その本質部分が何であるか，その非本質部分が何であるかを特定できれば，何が差別であるかも見えてくる。このことに留意し，権利条約と差別解消法の禁止する２つの差別，すなわち「考慮による差別」と「非考慮による差別」がどのようなものか見てみよう。

２つの差別

「事柄主義」に基づく権利条約と差別解消法は，２つの差別を禁止する。「考慮による差別」と「非考慮による差別」である（**表８－６**）。先ほどの子ぎつねを例にとって，これらの差別がどのようなものか見てみよう。

子ぎつねは店で手ぶくろを買おうとした。手ぶくろを買うという「事柄」にとっての本質部分は，「事柄主義」では白銅貨を渡すことのみであった。きつねの手を出すか人間の手を出すかは，手ぶくろを買うこととは無関係であり，事柄の本質部分にあたらない。つまり，きつねの手を出すか否かは事柄の非本質部分である。

表８－６　「考慮による差別」と「非考慮による差別」

・事柄の非本質部分（障害）を不適切に考慮に入れてしまう or
・事柄の非本質部分（障害）を適切に考慮に入れることを怠る
↓
事柄の本質部分に関して等しい者を等しく扱わない　→　（障害）差別

店主が，白銅貨を渡そうとしている子ぎつねに，「君はきつねの手を出したから手ぶくろを売ってあげない」と言えば，きつねの手（人間でないこと）を理由とする差別が生じる。なぜなら，店主はきつねの手（人間でないこと）を不適切に考慮に入れたがために，「事柄の本質部分に関して等しい者を等しく扱う」（等しく白銅貨を渡せば，等しく手ぶくろが買える）という平等に違反したからだ。

子ぎつねがきつねの手を出すことを障害になぞらえれば，きつねの手

を出すことを理由に取引を拒否することは障害を理由に取引を拒否することと同じ問題であると考えることができる。これを「考慮による差別」という。「考慮による差別」は，「他事」（きつねか人間か，障害があるかないか）を不適切に考慮に入れて生じる差別であるので，「他事考慮による差別」ということもある。

次に，「非考慮による差別」を，同じ子ぎつねの例を用いて説明する。ただし，先の例とは異なり，この店の入口には重たい扉があったとする。子ぎつねは扉が重すぎて，自分では開けられない。このとき店主は，白銅貨を手にして手ぶくろを買いに来た子ぎつねのために，扉を開けてあげる，扉を軽くするなどの配慮をする必要がある。

もしも店主が扉を開けてあげたり，軽くしたりしなければ，結果的に子ぎつねは店に入れず，きつねであること（障害）を理由とした差別が生じる。なぜなら，店主は子ぎつねの力を適切に考慮に入れることを怠ったために，「事柄の本質部分に関して等しい者を等しく扱う」（等しく白銅貨を払えば（払う意思があれば），等しく手ぶくろを買える）という平等に反したからだ。これを「非考慮による差別」という。「非考慮による差別」は，障害者のニーズに対して適切な考慮を尽くしていないという意味で，「考慮不尽による差別」ということもある。

差別解消法では，考慮による差別は「不当な差別的取扱い」，非考慮による差別は「合理的配慮の不提供」という。

3．社会福祉で支える

差別解消の限界

実のところ，以上で述べてきた差別解消アプローチには限界がある。たとえば，視覚障害者は視覚に機能障害をもち，自動車を運転する能力に制限がある。運転能力は，タクシーの運転手になるという事柄の本質部分にあたる。

先に見たように，「事柄の本質部分に関して異なる者を異なって扱う」ことは差別ではない（**表8－2**）。そのため，仮にタクシー会社が運転能力の制限を理由に視覚障害者を異なって扱っても（運転手として雇用しなくても），その異なる扱いは差別とはいえない。

このような意味での障害者の社会的排除は，差別解消アプローチの下では差別として禁止されない。また，障害者が，障害に関連した通院，補助具，リハビリテーション，訪問介護，支援者，介助者などのための多額の費用を払えない，という問題も生じる。しかし，この問題を差別解消アプローチによって改善することも基本的にできない。そこで求められるのが，社会福祉アプローチである。差別解消アプローチと社会福祉アプローチとが相互に補完してはじめて，障害者の自立生活と社会包摂が可能になる。

社会福祉アプローチは，応能負担を原則とする。応能負担は，障害者が自身の支払い能力（所得）に応じて福祉サービスの費用を負担する，という考え方だ。もし所得が少ない障害者がいた場合には，その障害者が大量の福祉サービスを受けても，高額の料金を払わなくてよいというのが，応能負担である。事柄（福祉サービスの利用）の本質部分が費用の支払いであるにもかかわらず，費用を支払う能力がない人は，たとえ費用を支払わなくても福祉サービスを利用できるとするのが，応能負担である。

社会福祉アプローチが応能負担に立脚するのに対して，差別解消アプローチは応益負担と親近的である。応益負担の考えでは，障害者が福祉サービスを多く受けたら，障害者は費用を多く支払わなければならない。事柄（福祉サービスの利用）の本質部分が費用の支払いであるから，少量のサービスを同じく利用したら，低額の料金を同じく支払うし，大量のサービスを同じく利用したら，高額の料金を同じく支払う，という考え方が応益負担である。要するに，応益負担は，障害者の所得の多寡にかかわらず，障害者が福祉サービスの利用（利益）に応じて，その費用を負担することを意味する。

パターナリズムからの脱却

上記のとおり，差別解消アプローチは重要であるが，それのみでは不十分で，社会福祉アプローチが補完的な役割を果たしながら，障害者の自立生活と社会包摂が進んでいくというのを，今日の障害法（制度）は予定している。権利条約の批准に向けて国内法整備に着手した当時の日本では，障がい者制度改革推進会議の下に差別禁止部会と総合福祉部会の両方が設けられた。このことは差別解消と社会福祉の両方が障害者の自立と包摂にとって重要であることを端的に物語っている。

社会福祉アプローチは，障害者の「依存先」（障害者への支援）を増やす。「依存先」が家族だけであれば，障害者は家族からの管理や支配を受けやすくなる。よって，障害者が自分で自由に決めて社会に参加することが難しくなる。家族だけではなく社会のさまざまな資源・部門を含め「依存先」が多くなれば，それだけ選択肢の幅，自己決定できる範囲が広くなり，障害者は社会に参加しやすくなるのである（**第1章**）。そのような選択肢がある状態（自律できる状態）を意味する自立を支えるのが社会福祉なのである。

しかし，歴史的には社会福祉はパターナリズムに立脚していた。パターナリズムは，障害者という弱者を保護するために，親や専門家や国が障害者を管理し，障害者のために決定するという思想である。一般制度から排除された障害者の受け皿となった特別制度は，排除された障害者を守ってあげるというパターナリズムの考え方に支えられてきた。障害者の自己決定，障害者の選択，すなわち障害者の自律は二の次であった。これが古典的な社会福祉の特徴である。

1970年代からアメリカでは，障害者自身が自立生活運動の中で，パターナリズムによる管理や支配を否定するようになった。2001年からの権利条約の交渉過程では，「私たちを抜きに私たちのことを決めてはならない」というスローガンの下で，「福祉から権利へ」や「保護から権利へ」というスローガンも主張された。そのような運動を背景にして，社会福祉はかつてのパターナリズムに彩られたものから，障害者の自立（自律）を支援するものへ，と変わろうとしている。

4．本書の後半へ

「障害」が社会によって作られるとしたら，社会によって「障害」を減らすこともできるはずである（**第１章**）。ここでいう「障害」は，社会モデルでいう「障害（disability）」，すなわち，社会的障壁によって生じる不利益（平等な社会参加が制限されていることなど）を意味する。

たしかに法制度によって「障害」を減らすことには限界がある。しかし，その可能性を探ることは重要だ。そこで次章以降，法制度に着目した分析を行う。まずは権利条約と差別解消法について解説する（**第９章，第10章**）。それから，一般制度と特別制度の両観点を交えながら，教育，就労，生活における障害者の包摂を考える（**第11章～第13章**）。そして，制度（慣習，法律）を支える思想を説明した上で（**第14章**），最後に本書全体をまとめる（**第15章**）。

学習課題

・「健常者主義」と「事柄主義」の具体例（本章で言及していない例）をそれぞれ挙げてみよう。

参考文献

・川島聡．(2024)．「障害差別を超えて――欧州人権条約と日本国憲法における合理的配慮（RA）の可能性」近藤敦編『新国際人権法講座第３巻』信山社.

・―――．(2024)．「合理的配慮と差別理論」社会学評論296号.

・―――．(2023)．「障害者権利委員会の条約解釈と新しい差別理論」障害法７号, 21-39.

・―――．(2021)．「意見書 障害者に対する不当な差別的取扱とは何か」立命館生存学研究５号, 59-86.

・―――．(2017)．「転換期の障害法」障害法１号, 77-95.

・松井彰彦，川島聡．(2021)．「制度の隙間をなくす」経済分析203号, 59-83.

9 障害者権利条約を知る

川島　聡

《目標＆ポイント》 本章では，2006年に国連総会で採択された障害者権利条約の要点を理解することをめざす。障害者権利条約の成立背景，成立過程，根幹部分（社会モデルと人権モデル）を説明する。その上で，障害者権利条約と日本との関係を述べる。
《キーワード》 障害者権利委員会，障害の社会モデル，障害の人権モデル，一般原則，対日審査

1．障害者権利条約の正文

世界の障害者施策にとって最も重要な国際文書は「障害者の権利に関する条約」である。英語では“Convention on the Rights of Persons with Disabilities”という。略称は頭文字をとって“CRPD”である。日本語の略称は「障害者権利条約」だ。以下では，たんに「権利条約」という場合もある。

インターネットで，国連（United Nations）の頭文字（UN）を加え，“UNCRPD”と打ち込んで，検索にかけてみよう。権利条約を扱った国連のホームページ（以下，HP）が検索結果のトップに現れるだろう。

国連のHPを見ると，2022年５月19日時点で，権利条約に署名した国は164である。締約国は185となっている。世界の大部分の国が締約国となっていることがわかる。厳密に言うと，ここでの164と185という数字は——「国」としているが——欧州連合（EU）も入っている。なお，

アメリカ合衆国は締約国ではない。

国連のHPでは，権利条約の正文（オーセンティック・テキスト）を読むことができる。正文は，権利条約を確定する条約文である。正文は，英語，フランス語，スペイン語，アラビア語，ロシア語，中国語だ。他の言語による翻訳，いくつかの手話，読みやすい訳文なども，国連のHPで閲覧できる。

日本の外務省のHPには，権利条約の日本語訳（公定訳文）が掲載されている。インターネットで「外務省障害者権利条約」と入れて検索にかけると，外務省のHPが検索結果のトップに出てくる。日本政府は条約を締結するときに公定訳文を作る。しかし，条約を精確に解釈する際には，最終的には正文にあたらなければならない。

2. 障害者権利条約の成立

背景

外務省のHPを見ると，障害者権利条約が国連総会で採択されるまでの経緯も知ることができる。この経緯を簡単に言うと，権利条約は，2002年から2006年まで国連総会の下にある特別委員会で議論された。そして，2006年12月13日に国連総会で採択された。日本は，翌2007年９月28日に権利条約に署名した。それからしばらく時間を置いてから（理由は後述する），2014年１月20日に批准した。そして，権利条約は同年２月19日に日本について効力を発生した。

障害者権利条約が作成された背景は，第１に，21世紀初頭に至るまでに「障害の問題は人権の問題である」という理解が国際社会で少しずつ進んできたことが挙げられる。第２に，従来の国際文書が不十分であったことが指摘できる。

障害者関係の国際文書は，それまで国連でいくつも採択されてきた。

しかし，いずれも形式的には法的拘束力がなかった。たとえば，精神遅滞（知的障害）者の権利宣言（1971年），障害者の権利宣言（1975年），障害者世界行動計画（1982年），精神病者保護と精神保健改善の原則（1991年），障害者機会均等化基準規則（1993年）といった，障害者のみを直接対象とする国際文書は，いずれも条約とは異なる。それらは法的拘束力を欠くため，障害者の国際人権保障の実効性という観点からは不十分であった。

一方で，従来の人権条約（社会権規約や自由権規約，子どもの権利条約など）は，障害者の人権を十分に扱ってこなかった。たしかに子どもの権利条約の第２条と第23条には障害（児）に関する規定が盛り込まれている。また，社会権規約委員会は1994年に一般的意見５号「障害のある者」を採択している。しかし，それらは障害者の国際人権保障の全体から見れば，ごく小さな影響力しかもたなかった。

以上のように，障害者関係の国際文書は法的拘束力をもたず，法的拘束力のある人権条約は障害者の人権を十分に扱わなかった。これらは，障害者の人権保障に関する国際法的枠組みとして不十分であった。よって，障害者権利条約をつくる必要が国際社会で広く認められたのである。

思い返すと，1987年にイタリア，1989年にスウェーデンが障害者権利条約（障害者差別撤廃条約）の作成を提案したが，どちらも実らなかった。だが，それらの失敗を経て，21世紀に入ってようやく障害者権利条約が成立したのである。

過程

障害者権利条約が作成されることになった端緒は，国連総会決議56/168（2001年12月）である。この決議によって障害者権利条約に関する特別委員会が設置された。特別委員会の下で，条約の作成に向けたプロセスが始まった。特別委員会はアドホック委員会と言われることもある。

特別委員会の第３回会期（2004年５～６月）から，条約交渉が本格的に始まった。条約交渉には叩き台が必要だ。叩き台は，2004年１月に準備された。これを準備したのが，政府とNGO（障害者団体）と国内人権機関の各代表（計40名）から成る作業部会である。この叩き台を作業部会草案（前文と本文25カ条）という。

図９－１　特別委員会の第７回会期
（崔栄繁氏撮影）

作業部会草案に基づいて政府間交渉が第３回会期から第６回会期（2005年８月）まで行われた。この間，日本の障害者団体を含め，障害当事者が積極的に特別委員会に関与した。第６回会期の終了後，特別委員会の議長ドン・マッケイ（ニュージーランド）はこの間の交渉の成果をとりまとめ，議長草案を公表した（2005年10月）。そして，議長草案という新たな叩き台に基づいて第７回会期（2006年１～２月）で政府間交渉が行われた。その成果として修正議長草案が採択された。

修正議長草案を土台にして，第８回会期（2006年８月）において引き続き政府間交渉が行われた。そして，その最終日に障害者権利条約の文案について政府間の基本合意が得られた。文案は後に微修正が加えられ，第61回国連総会で同年12月に採択された。

障害者権利条約の交渉過程の最大の特徴は障害当事者の参加だ。多くの障害当事者が条約交渉過程に参加するために世界中からニューヨークの国連本部に集結した。「私たちのことを私たち抜きで決めてはならない（Nothing About us without us）」を合言葉に権利条約は作成された。

障害者は，長い間，福祉の対象（客体）とされ，パターナリスティックな介入を受けてきた。自己主張をしてはいけない存在だった。しかし，権利条約の会合では，とりわけ障害当事者の参加が強調された。障害者は，たとえ障害者権利条約ができたとしても，それが自分たちの言っていることを反映していないものであれば，それを自分たちは受け入れない，という立場をとった。いくら障害者のためにいろいろな制度を作ったり法律を作ったりしても，当事者がそこに関与して，当事者がそこで意見を言わなければ，その制度なり法律なりを受け入れない，と主張したわけである。

とりわけ，国際障害コーカス（インターナショナル・ディスアビリティ・コーカス：IDC）は大きな存在感を示した。これは，70以上の国際的・地域的・国内的な障害者団体のネットワークで，権利条約策定のためのNGOの戦略的会議である。そして，インターネットや電子メールなどを用いて，世界の障害者運動のリーダーの間で横のつながりが生まれ，国連の場で連携をとっていった。国際障害コーカスは，さまざまな意見を集約して国連の場で発言をしたが，ドン・マッケイ議長がいうには，条約の内容の８割くらいは国際障害コーカスの意見を反映している。

このような状況は，従来の主要人権条約の場合には見られなかったといわれる。たしかに条約は国家間の国際約束であるが，その中に障害当事者の意見が大きく反映された。だからこそ，障害者権利条約の正当性が担保されたといえるのである。

日本国内のさまざまな障害者団体のネットワークである日本障害フォーラム（**表９－１**）も，特別委員会に参加し貢献した。車いすを利

図９－２　特別委員会における東俊裕氏（崔栄繁氏撮影）

用する弁護士の東俊裕氏は，日本政府代表団の顧問を第２回から第８回特別委員会まで務め，重要な役割を果たした。

本章の著者である私は特別委員会での条約交渉過程を見る機会があった。印象深かったのは，世界の障害者運動のリーダーに女性が多かったことである。たとえば，世界ろう連盟のリサ・カウピネン，精神障害がある当事者で弁護士のティナ・ミンコウィッツ，世界盲人連合のキキ・ノードストロームは，世界の障害者運動のトップリーダーとして重要な貢献を果たした。

表９－１　日本障害フォーラム（JDF）

JDFは，障害のある人の権利を推進することを目的に障害者団体を中心に2014年に設立された。構成団体は，日本身体障害者団体連合会，日本視覚障害者団体連合，全日本ろうあ連盟，日本障害者協議会，DPI日本会議，全国手をつなぐ育成会連合会，全国脊髄損傷者連合会，全国精神保健福祉会連合会，全日本難聴者・中途失聴者団体連合会，全国盲ろう者協会，全国社会福祉協議会，日本障害者リハビリテーション協会，全国「精神病」者集団，である。

3. 障害者権利条約の根幹

障害者権利条約を１本の木に喩えれば，〈根〉は障害の人権モデル（human rights model of disability）である。〈幹〉は障害の社会モデル

(social models of disability）である。社会モデルと人権モデルが権利条約の〈根幹〉をなす。

根（障害の人権モデル）

権利条約第１条は障害の人権モデルを端的に体現している。本条は，すべての障害者がすべての人権を平等に享有することを促進し，保護し，確保することを権利条約の目的に据えているからだ。そして，権利条約は，既存の人権条約に定められていない人権（新しい人権）を生み出そうとするものではなく，既存の人権条約に定める人権（既存の人権）を障害者が平等に享受できるように国家に義務を課す。このことにより，権利条約は，保護の客体から人権の主体への障害者像の全面的な転換を図る。ここに権利条約の存在理由（根っこ）がある。

表９－２　保護の客体から人権の主体へ

保護の客体：	守ってあげるけれども，障害を理由とする尊厳・自律・包摂・平等の制約（人権制約）は仕方がない。
↓	
人権の主体：	障害を理由とする尊厳・自律・包摂・平等の制約（人権制約）は認めない。

障害者は，人として劣っている。劣っている以上は守って（保護して）あげる。それと引き換えに，障害者は人権が制限されることを受忍しなければならない。これが保護の客体の意味である。

これに対して，障害者を人権の主体とする権利条約は，障害者を人として劣った存在とは考えない。障害者は人権を平等に享受する存在である。障害者の尊厳と自律と包摂と平等は尊重され保障される（**表９－２**）。

ここでいう尊厳，自律，包摂，平等は，権利条約の解釈に際して常に参照されるべき一般原則として，権利条約第３条に定められている。これらは，人権（思想）を支える重要な原則である（詳しくは**第14章**）。

人権モデルは，障害者が尊厳，自律，包摂，平等に支えられた人権を完全に有するという視座である。もっとも，自由権規約という条約の下に設けられた自由権規約委員会などの採用する「従来の人権モデル」は，障害者の人権保障に関しては徹底さを欠いた。たとえば，それは最後の手段としてであれば，障害者の強制入院や選挙権制限を許容する。しかし，障害者権利条約の下に設けられた国連障害者権利委員会（以下，単に委員会ということもある）の「独自の人権モデル」は，たとえ最後の手段であっても，障害者の強制入院や選挙権制限などを一切許容しない。

このように，そもそも人権モデルは複数あると考えられる。人権による不利益解消方針に関するモデル（型），つまり障害者権利条約の解釈に関するモデル（型）は複数あるということだ。なかでも障害者の人権を手厚く保障しようとするのが，障害者権利委員会の「独自の人権モデル」である。

幹（障害の社会モデル）

障害者権利条約の幹にあたるのが，障害の社会モデルである。**第１章**でみたように，社会モデルでは，障害（disability）とは機能障害と社会的障壁との相互作用（interaction）によって生じる不利益（disadvantage）を意味する。

障害者権利条約が社会モデルに立脚していることを確認した規定が，前文（e）と第１条である。前文（e）は障害（disability）の概念を定め，第１条は障害者（persons with disabilities）の概念を定める。どちらも同様の考え方をしているので，ここでは前文（e）のみを取り上げる。

前文（e）は,

「障害［は］, 機能障害を有する者とこれらの者に対する態度及び環境による障壁との間の相互作用であって, これらの者が他の者との平等を基礎として社会に完全かつ効果的に参加することを妨げるものによって生ずる」
"disability results from the interaction between persons with impairments and attitudinal and environmental barriers that hinders their full and effective participation in society on an equal basis with others"

と定める。この一文を図解すると, **図9－3**のようになる。

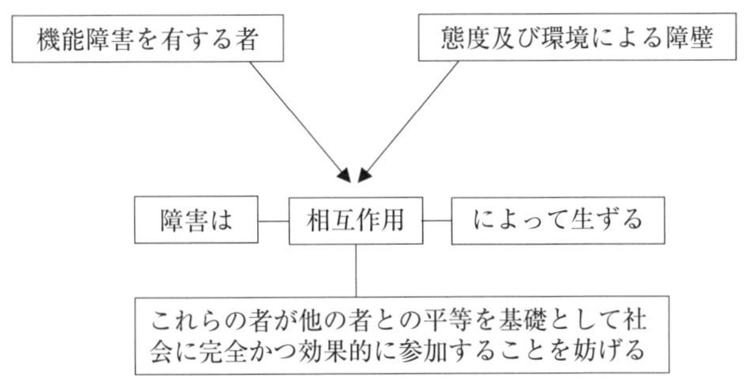

図9－3　障害の概念

前文（e）の骨格は,「障害は…相互作用によって…生ずる」という部分だ。これは因果関係を示している。そして, 相互作用が何と何との相互作用であるかと言えば,「機能障害を有する者」と「態度及び環境による障壁」との間の相互作用である。この相互作用とは, 障害者の不利益を生む（「機能障害を有する者が他の者との平等を基礎として社会に完全かつ効果的に参加することを妨げる」）ところの相互作用をいう。よって，相互作用によって生ずる「障害」とは，相互作用によって生ずる障害者の不利益（平等な社会参加の制限）を意味する。

このような障害者の不利益（平等な社会参加の制限＝障害）の因果関係（発生原因）に関するモデル（型，視点）が社会モデルなのである。そして，社会モデルは，障害者の不利益の原因を機能障害に還元させる視点（障害の医学モデル）に対抗するモデルである。よって，社会モデルは，相互作用という表現を用いながらも，障害者の不利益の原因として社会的障壁の問題を強調するのであり，それによって医学モデルが支配的なこの社会において障害者や関係者が新たな有益な知見を発見するための道具（コリン・バーンズらのいうヒューリスティック・デバイス）として機能する。

根と幹の関係

人権モデル（根）と社会モデル（幹）は補完関係にある。障害者権利条約の目的の実現に向けた過程においては，国連障害者権利委員会や締約国が＜事実を権利条約にあてはめて，権利条約を事実に適用する＞ことが不可欠となる。

障害者が現実に被る不利益の事実を解釈する際の視点となるのが社会モデルである。他方で，権利条約は何を国家に命じているのか，という権利条約を解釈する際の型が人権モデルである。権利条約の実施過程では，権利条約の解釈も事実の解釈も必要だ。そのため，この過程において人権モデルと社会モデルとは補完的役割を果たすのである。

一方で，社会モデルと人権モデルとは緊張関係にも立ちうる。社会モデルを用いて発見された障壁（国内の障壁の存在，その障壁を除去しないという国家の障壁性）と，その障壁によって生じる障害者の不利益とは，人権モデルによって法的次元において正当化されてしまうことがある。他方で，社会モデルは，人権モデルそのものの障壁性（国内の障壁を正当化しうる人権モデル自体が１つの障壁となって障害者に不利益をもたらす原因となりうること）を暴く視座にもなる。このような緊張関係に向き合った上で，その障壁（性）を１つひとつ克服していくことによって，権利条約の目的がよりよく実現されることになろう。

4．日本の批准から対日審査へ

批准に向けた国内法整備

上記のとおり，日本は2007年９月に権利条約に署名し，2014年１月に批准した。署名から批准まで，実に６年以上かかった。その理由は，批准までに大規模な国内法整備がなされたからだ。

国内法整備の推進役となったのが，2009年に設置された障がい者制度改革推進会議である。この会議には知的障害のある委員も参加し，委員の半数以上を障害当事者・家族が占めた。そして，推進会議の下に総合福祉部会と差別禁止部会が設けられて議論が重ねられた。結果として，**表９－３**に記すような国内法整備をひととおり終えて，日本は権利条約を2014年１月に批准した。

表９－３　国内法整備

2011年	障害者基本法改正
2011年	障害者虐待防止法
2012年	障害者総合支援法
2012年	障害者優先調達推進法
2013年	成年被後見人の選挙権回復のための法改正
2013年	障害者差別解消法
2013年	改正障害者雇用促進法
2013年	学校教育法施行令一部改正政令

対日審査

批准からさらに８年半ほど時が経ち，日本は国連障害者権利委員会の審査を受けることになった。その審査のプロセスは以下のとおりである。

まず，日本は2016年６月に政府報告を委員会に提出した。委員会は，この政府報告に基づいて事前質問事項（リスト・オブ・イシューズ）を日本政府に送った。日本政府はそれに回答した。それを踏まえて，2022年８月22日と23日に，日本と委員会の間で対面の審査（建設的対話）が行われた。舞台は，スイスのジュネーブにある国連欧州本部である。

図９－４　対日審査の会場となった国連欧州本部（筆者撮影）

この間，日本障害フォーラムや日本弁護士連合会などの市民社会が，独自の報告（パラレルレポート）を提出するなど，委員会に情報をインプットした。委員会は，すべての関連情報を検討した上で，2022年９月２日に対日総括所見を採択した。

対日総括所見は，たとえば分離された特別教育の廃止，通常の学校への通学保障，強制入院による自由剥奪を認める法規定の廃止，施設収容の廃止，代行決定制度の廃止，意思決定支援制度の確立，福祉的就労から一般就労への移行，などを日本に勧告している。

対日総括所見は，障害の人権モデルにも言及する。すなわち，対日総括所見は，人権モデルに言及しながら，①国内の立法・政策と②国際協力プロジェクトとに懸念を示した。また，対日総括所見は，同じく人権モデルに言及しながら，③司法・行政・保健・教育の従事者への研修と，④リハビリテーション制度の拡張と，⑤地域社会での支援・サービス支給の評価スキームの改定とを勧告・勧奨した。

もっとも，対日総括所見は社会モデルに言及しなかった。この点，注意したいのが，対日総括所見は，たしかに表面上は社会モデルに沈黙しているが，障壁（バリア）の問題性に計８か所で言及しており，実質的には社会モデルを重視しているということだ。

対日総括所見における社会モデルへの沈黙に惑わされず，日本は社会モデルと人権モデルの両方を適切に用いて，障害者権利条約の義務を誠実に遵守していく必要がある。その際，国連障害者権利委員会が採択した一般的意見などを考慮に入れることも必要となる（表

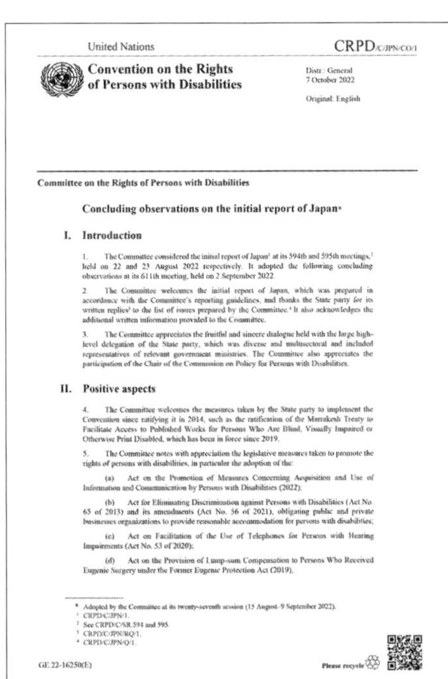

United Nations　CRPD/C/JPN/CO/1

Convention on the Rights of Persons with Disabilities

Distr.: General
7 October 2022

Original: English

Committee on the Rights of Persons with Disabilities

Concluding observations on the initial report of Japan*

I. Introduction

1. The Committee considered the initial report of Japan[1] at its 594th and 595th meetings,[2] held on 22 and 23 August 2022 respectively. It adopted the following concluding observations at its 611th meeting, held on 2 September 2022.

2. The Committee welcomes the initial report of Japan, which was prepared in accordance with the Committee's reporting guidelines, and thanks the State party for its written replies[3] to the list of issues prepared by the Committee.[4] It also acknowledges the additional written information provided to the Committee.

3. The Committee appreciates the fruitful and sincere dialogue held with the large high-level delegation of the State party, which was diverse and multisectoral and included representatives of relevant government ministries. The Committee also appreciates the participation of the Chair of the Commission on Policy for Persons with Disabilities.

II. Positive aspects

4. The Committee welcomes the measures taken by the State party to implement the Convention since ratifying it in 2014, such as the ratification of the Marrakesh Treaty to Facilitate Access to Published Works for Persons Who Are Blind, Visually Impaired or Otherwise Print Disabled, which has been in force since 2019.

5. The Committee notes with appreciation the legislative measures taken to promote the rights of persons with disabilities, in particular the adoption of the:

(a) Act on the Promotion of Measures Concerning Acquisition and Use of Information and Communication by Persons with Disabilities (2022);

(b) Act for Eliminating Discrimination against Persons with Disabilities (Act No. 65 of 2013) and its amendments (Act No. 56 of 2021), obligating public and private businesses organizations to provide reasonable accommodation for persons with disabilities;

(c) Act on Facilitation of the Use of Telephones for Persons with Hearing Impairments (Act No. 53 of 2020);

(d) Act on the Provision of Lump-sum Compensation to Persons Who Received Eugenic Surgery under the Former Eugenic Protection Act (2019).

* Adopted by the Committee at its twenty-seventh session (15 August–9 September 2022).
1 CRPD/C/JPN/1.
2 See CRPD/C/SR.594 and 595.
3 CRPD/C/JPN/RQ/1.
4 CRPD/C/JPN/Q/1.

GE.22-16250(E)　Please recycle

図９－５　対日総括所見

9-4)。

表9-4　総括所見と一般的意見

国連障害者権利委員会は，総括所見や一般的意見等で自身の条約解釈を展開する。報告制度の下で，委員会が特定国を対象に採択するのが総括所見である。また，委員会が，すべての締約国を対象に採択するのが一般的意見である。総括所見と一般的意見は，法的拘束力を形式的には欠いている。だが，委員会が条約によって報告制度の運用権限を委ねられた機関である以上，報告制度の下でなされる委員会の条約解釈は尊重されるべきだと言える。ただし，委員会の解釈が絶対的ということではなく，当然，批判の対象になりうる。

5. 国連障害者権利委員会の姿勢

最後に,本書の主題である制度（一般制度と特別制度）に引き寄せて，国連障害者権利委員会の姿勢を理解してみよう。

分離した特別制度

一般制度（通常の学校，一般就労など）は障害者と非障害者の双方を対象としうる。一方で，特別制度は障害者のみを対象としうる。

一般制度の中には複数の特別制度が含まれうる。たとえば，合理的配慮は障害者のみを対象とする制度（すなわち特別制度）である。合理的配慮は，障害者を一般制度から排除するための特別制度ではなく，障害者を一般制度に包摂するための特別制度である。

国連障害者権利委員会が批判しているのは，たとえば特別支援学校や福祉的就労などのように，一般制度から切り離された特別制度（分離した特別制度）に障害者を閉じ込め，障害者を社会の主流（一般制度）から排除することである。一方で，委員会は，一般制度への障害者の包摂を促しうる特別制度（合理的配慮，アファーマティブ・アクション）を肯定的に評価する。

もしも委員会が「分離した特別制度」を許容すれば，結果的に，委員会自身が一般制度からの障害者排除を後押ししてしまうおそれもある。すなわち，委員会が「分離した特別制度」を許容するという姿勢をとると，その実際的な効果としては，すでに大きく加速度が付いている「分離した特別制度」の充実化が自ずと進む一方で，国家が障害者の包摂に向けた一般制度の（予算面，人員面，体制面などの）徹底的な充実化に踏み切れない事態が続くことが予想される。

そうなれば，一般制度は魅力を欠いたままとなり，障害者から選択されず（断念を含む），よって障害者の一般制度への包摂も進まず，一般制度からの障害者排除の傾向が固定化されるであろう。そのような実際的な効果への懸念をも考慮に入れて，国連障害者権利委員会は，たとえ原理主義的，理想主義的だと言われようとも，「分離した特別制度」（特別支援学校，福祉的就労など）を否定しているのだと思われる。

自律（選択）のための条件

ところで，歴史的には，「分離した特別制度」（特別支援学校，福祉的就労など）は，社会の主流（一般制度）から排除された障害者の受け皿として，障害者の一定のニーズを満たすものへと充実の途をたどってきた。「分離した特別制度」が充実すればするほど（その裏側で，一般制度が相も変わらず障害者のニーズを排除したままでは），「分離した特別制度」を選択する当事者が増えるのは当然である。しかし，その当事者の選択は，障害者権利条約の想定する本来あるべき姿の選択（自律）ではない。なぜなら，自律のための条件が整っていないからである。

自律のための条件として，医学モデルから得られる知見によれば，障害者による機能障害の克服が挙げられる。しかし，社会モデルからは，一般制度が障害者のニーズを満たしていないことが問題の所在となる。つまり，自律のための条件としては，まずは一般制度（通常の学校，一般就労など）が障害者のニーズを満たして魅力的なものになる必要がある。

繰り返すが，一般制度が当事者から選ばれるように充実したものにならない限り，一般制度を選択することに躊躇したり，一般制度を諦めたりする当事者が出てくるのは当然である。当事者が選択したくなる充実した一般制度が登場しなければ，当事者は「分離した特別制度」を選択せざるを得ない。この論点は，**第14章**および**第15章**で，自律と包摂との相克ないしジレンマという観点から改めて検討する。

学習課題

・対日総括所見は日本にどのような勧告をしたか。読者の関心のある勧告を１つ取り上げて，日本政府がその勧告にどのように対応したか調べてみよう。対日総括所見は外務省のHPにある。

参考文献

・外務省のHP：https://www.mofa.go.jp/mofaj/gaiko/jinken/index_shogaisha.html

・川島聡．(2023)．「人権モデルと社会モデル―日本の条約義務履行への視座 」賃金と社会保障1817・1818号，72-80.

・―――．(2023)．「障害者権利委員会の日本への総括所見を受けて―社会モデルと人権モデルを活用し，選びたくなる一般制度をつくる」さぽーと792号，40-45.

・―――．(2011)．「障害者権利条約と『既存の人権』」発達障害研究32巻５号，４-15.

・国連のホームページ：https://www.un.org/development/desa/disabilities/convention-on-the-rights-of-persons-with-disabilities.html

・長瀬修，川島聡，石川准．(2024)．『障害者権利条約の初回対日審査』法律文化社
・長瀬修，川島聡編．(2018)．『障害者権利条約の実施：批准後の日本の課題』信山社．
・長瀬修，東俊裕，川島聡編．(2012)．『障害者の権利条約と日本：概要と展望』増補改訂版，生活書院．
・松井亮輔，川島聡編．(2010)．『概説障害者権利条約』法律文化社．

10 障害者差別解消法を知る

川島　聡

《目標＆ポイント》 本章では，2013年に成立し，2016年から施行した障害者差別解消法の要点を理解することをめざす。障害者差別解消法は，不当な差別的取扱いと合理的配慮の不提供という２つの形態の差別を禁止している。不当な差別的取扱いは直接差別を意味する。合理的配慮は７つの要素から構成されている。私たちが差別を適切に解消していくためには，不当な差別的取扱いと合理的配慮との関係性も押さえておく必要がある。
《キーワード》 不当な差別的取扱い，直接差別，合理的配慮，事前的改善措置（環境の整備）

1．障害者差別解消法の成立

前章で見た障害者権利条約は，合理的配慮という考え方を国際人権法の中に初めて明確に導入した。しかも，この条約は合理的配慮をしないことを差別と定義した。

日本では，障害者権利条約の締結のため，2013年に障害者差別解消法が成立した（2016年施行）。障害者差別解消法も合理的配慮をしないことを差別として禁止する。同時に，この法律は不当な差別的取扱い（いわゆる直接差別）も禁止している。

日本には障害者雇用促進法という法律もある。これは1960年にできた古い法律だ。教育，各種サービス，公共交通機関などに関係する差別は，障害者差別解消法が禁止している。しかし雇用関係の差別だけは，2013

年に改正された障害者雇用促進法が禁止する。

たとえば，障害のある教員（労働者）が雇用関係の合理的配慮を私立大学に求める場合は，障害者雇用促進法が適用される。しかし，障害のある学生が教育関係の合理的配慮を私立大学（事業者）に求める場合は，雇用関係ではないので障害者差別解消法が適用される。

障害者雇用促進法の下では，事業主の合理的配慮は義務である。障害者差別解消法の下では，私立大学やレストランや鉄道などの事業者の合理的配慮は努力義務である。もっとも，2021年５月に成立した改正法により，障害者差別解消法の下での事業者の合理的配慮も義務となる（2024年４月施行予定）。

以下では，障害者差別解消法に着目して差別の概念を説明する。障害者雇用促進法は**第12章**で取り上げる。

2. 不当な差別的取扱い

正当な理由

「不当な」という文言は「正当な理由」がないことを意味する。つまり，「正当な理由」がない差別的取扱いが「不当な差別的取扱い」である。これが障害者差別解消法の下で禁止される。「正当な理由」がある差別的取扱いは許容される。

国土交通省の対応指針は次の例を挙げる（**図10-１**）。「利用者の安全を確保するため，目，耳，言葉又は足が不自由な利用者もしくは身体障害者補助犬を同伴される利用者等，緊急脱出時の援助者としてふさわしくないと考えられる利用者に対して非常口座席の利用を制限する。」（下線部は引用者による。）

「正当な理由」は正当な目的に照らしてやむを得ないと言える場合に認められるため（基本方針），障害者に非常口座席を利用させないとい

図10−1　やむを得ない場合

う上記例の差別的取扱いは，「利用者の安全」という正当な目的（正当な趣旨）に照らし，やむを得ない場合は許容される。

なぜ上記例がやむを得ないと言える場合にあたるかと言えば，非常口座席の利用者は緊急脱出時に援助者としての役割を果たす必要があるが，目，耳，言葉又は足が不自由な利用者等が援助者としての役割を果たすことは（たとえ合理的配慮を受けたとしても）きわめて困難であることが明白に想定され，その結果，利用者の安全が確保されないことになるからだ。

「正当な理由」の有無に関する判断は，主観的・抽象的にではなく客観的・具体的になされる必要がある。「正当な理由」がある場合は，それを障害者に説明し，理解を得るよう努めなければならない。内閣府のQ&Aは以下のように記し，「総合的」という視点にも言及する。

> 「正当な理由に相当するのは，……取扱いが客観的に見て正当な目的の下に行われたものであり，その目的に照らしてやむを得ないと言える場合である。……正当な理由に相当するか否かについて，個別の事案ごとに，障害者，事業者，第三者の権利利益（例：安全の確保，財産の保全，事業の目的・内容・機能の維持，損害発生の防止等）及び行政機関等の事務・事業の目的・内容・機能の維持等の観点に鑑み，具体的場面や状況に応じて総合的・客観的に判断することが必要である。行政機関等及び事業者は，正当な理由があると

判断した場合には，障害者にその理由を説明するものとし，理解を得るよう努めることが望ましい。」（下線は引用者による。）

直接差別の禁止

不当な差別的取扱いは直接差別を意味する。もっとも，直接差別とは何であるか，は必ずしも一義的に決まっていない。ここでは，比較的受け入れられやすい１つの解釈を示す。

障害者差別解消法でいう直接差別は２つの形態がある。たとえば「障害者は学外研修に参加できません」という案内が学内にあったとする（図10-２）。これは「障害者だから」研修に参加できないとする案内である。この案内は障害（障害があること，障害者であること）を直接的な理由として障害者を差別しているので，障害に基づく直接差別となる。

もう１つは「学外研修で盲導犬の帯同は認めません」という案内である。この案内は盲導犬を連れて研修に参加できませんといっているわけだから，盲導犬（の帯同）を直接的な理由として差別している。いわば盲導犬に基づく直接差別である。

図10-２　直接差別の禁止

ただし，障害者差別解消法は，盲導犬に基づく直接差別を，障害に基づく直接差別とみなしている。なぜなら，盲導犬は障害者のみに関連するからだ。つまり，盲導犬を理由とする不利益な取扱いは，非障害者には不利益をもたらさず，障害者に限って不利益をもたらしうるのである。

間接差別の許容

直接差別があれば間接差別もある。不当な差別的取扱いは間接差別を含まない。つまり，不当な差別的取扱いは直接差別のみを含んでいる。では，間接差別とは何かというと，それは表面的（形式的）には障害者であることにまったく言及していない中立的なルールが，結果的（実質的）には特に障害者に大きな不利益を及ぼすことをいう。

たとえば，ある大学の案内に「学外研修への自動車参加は認めない」と書いてあるとする(**図10-３**)。自動車参加を認めないという案内(ルール）は，障害者にも非障害者にも影響を及ぼす。この案内は「障害者だから」研修に参加できない，とは言っていない。「自動車だから」研修に参加させないのである。

この案内は盲導犬差別のように障害者のみに関連するものでもない。「学外研修への自動車参加は認めない」という案内は，非障害者にも不利益を及ぼしうるルールである。しかし，このルールがあるために，ある特定の状況下では障害者がとくに大きな不利益を受けることがある。

たとえば，車いすの利用者が，電車やバスがラッシュ時などで混んでいるとき，公共交通機関を使うことが事実上非常に難しい場合がある。そのため，車いすの利用者の中には自動車を運転して参加したい人もいる。しかし,「学外研修への自動車参加は認めない」という案内のせいで，その車いすの利用者は自動車で参加できなくなる。

そういう特定の状況では,「学外研修への自動車参加は認めない」という案内は，たしかに表面上は障害を理由に差別していないが，障害者に非障害者と比べて大きな不利益をもたらす。この案内は，そのように間接的に障害者に不利益を及ぼすので，間接差別となる可能性がある。

もっとも,不当な差別的取扱いは間接差別を含まない。この意味では，障害者差別解消法は間接差別を禁止していない。そのため，「学外研修への自動車参加は認めません」という案内があるせいで，たとえ車いすの利用者が参加できなくても，この案内は不当な差別的取扱いとしては禁止されない。

間接差別の問題への対策

以上でみた間接差別の問題が生じている場合は，障害者差別解消法の下では，少なくとも２つの対応策が考えられる。

１つは，これを直接差別として再構成しようとする対応策である。たとえば，「学外研修への自動車参加は認めない」という案内を出した職員が，ホンネでは，特定の車いす利用者Ａくんに参加してもらいたくないと思っていたとする。その職員は，Ａくんが学外研修に参加するとバリアフリーの準備など事務負担が出てくることを嫌がった。

もっとも，「障害者は学外研修に参加できません」という案内を出したら，不当な差別的取扱いになってしまう。そこで職員は，言わば隠れ蓑として，「自動車参加は認めません」という案内を出せばよい，と考えた（**図10-３**）。要するに，この職員は，自動車でなければ参加が難しいＡくんを参加させないよう巧妙に工夫し，「障害者だから」というのは隠して，「自動車だから」という中立的な理由でＡくんを参加させないようにしたのである。

図10-３　間接差別の問題

このような事実が証明されるのであれば，職員が障害（車いすの利用）を直接理由としてＡくんを参加させないようにしたという差別意思が認められる。よって，障害を直接理由とする差別（直接差別＝不当な差別的取扱い）が発生したと考えられる。もっとも，現実には，その事実の証明は難しいことのほうが多い。

しかも，障害者を排除する多くのルールは障害者への差別意思がなく，むしろ障害者への無関心から慣習的に生まれている（音声言語で話す，印刷した紙を配布するなど）。そのため，障害者差別解消法の下ではもう１つのより実践的な対応策が設けられている。それが合理的配慮である。すなわち，車いす利用者は「学外研修に自動車参加は認めません」というルールに直面した場合，「自分にだけ合理的配慮として自動車参加を認めてほしい」と大学側に求めることができる。

この意味で，合理的配慮はルールに例外を設ける機能を果たす。そして，間接差別の問題が生じる場合は，不当な差別的取扱いではなく合理的配慮で対応するというのが，障害者差別解消法の基本的な建付けとなっている。では，その合理的配慮とは何かを見てみよう。

3. 合理的配慮

合理的配慮は７つの要素からなる。

個々の必要（ニーズ）（図10-４）

合理的配慮は，障害者の個々の事情に対応する。合理的配慮は，すべての障害者向けのものではなくて，個々の障害者向けのものである。たとえば，左側の車いすの利用者は入口の先に行きたいけれど，段差がそれを遮っている。真ん中の視覚障害のある女性はレジメが読みたい。右側の女性は手話で相談したい。それぞれ異なる必要（ニーズ）がある。

左側の男性の前にある入口の段差は物理面の障壁（バリア）である。

図10-４　個々の必要（ニーズ）

真ん中の女性がレジメを読めないのは，レジメが点字で書いてなくてプリントアウトしたものだからである。これは情報面のバリアである。右側の女性の場合，職員が手話をわからないことが意思疎通（コミュニケーション）面のバリアとなっている。このように場面ごとにバリアの内容は異なる。バリアで困っている状況，そのバリアを除去する必要（ニーズ）は個々人で異なる。

障壁の除去（バリアフリー）（図10-５）

このバリアを取り除くのが合理的配慮である。合理的配慮とはバリアフリーのための措置だと言える。障害者差別解消法では，たんにバリアとは言わず，ソーシャル・バリア，つまり社会的障壁という用語を用いるが，本書ではバリアとソーシャル・バリアとを同義で用いる。個々人のためのバリアフリーが合理的配慮である。

図10-５　バリアフリー

左側の車いす利用者にとっては，スロープをつけることによって物理的なバリアフリーが実現する。真ん中の女性にレジメのデータ入りのUSBメモリーを提供すれば，情報面のバリアが取り除かれる。右側の女性にボードを提供すれば，意思疎通上のバリアが取り除かれる。バリアというのは，段差などの物理面のバリアのみをさすのではなく，ルールなどの制度面のバリアもあれば，情報面や意思疎通面のバリアもある。バリアは，非常に広い概念として法律上は理解されている。

非過重な負担（図10-6）

バリアを取り除くことが事業者に過重な負担を課すことがある。その場合，事業者がバリアを取り除かないことは障害者差別解消法の下で許容される。

合理的配慮は，過重な負担を伴わないバリアフリーだと言える。過重な負担がないことを非過重な負担という。

過重な負担にあたるか否かは，個別の事案ごとに，**図10-6**に記した要素を考慮し，総合的・客観的に判断することが必要であるとされる。

事業者は，過重な負担に当たる場合は，その理由を障害者に説明し，理解を得るよう努めることが望ましい，とされる（政府の基本方針）。先の例（**図10-4**）で，右側の女性は手話を使って相談したかった。しかし，手話通訳者を瞬時に準備することは大学にとって過重な負担であったとする。特に，「実現可能性の程度」や「費用・負担の程度」が，ここでは問題となる。過重な負担であ

図10-6　非過重な負担

る場合，大学が障害者に事情を丁寧に説明し，別の配慮を一緒に考える必要がある。別の配慮として，相談時にボードを用いたのが**図10-５**の例である。

意向の尊重

合理的配慮は，障害者の意向を十分に尊重したものである。関連して３つ指摘する。

第１に，障害者の意向をすべて尊重することができない状況もある。過重な負担にあたる場合や本質変更にあたる場合（後述）には，障害者の意向を採用できない。

ただ，そうであるにせよ，障害者の意向を十分に尊重することが事業者に常に求められることに変わりはない。事業者が，複数の合理的配慮がある場合に，どれか１つ提供しやすいものを選択する際にも，障害者の意向を十分尊重しながら，選択することが求められる。

第２に，障害者の意向を尊重するためには，障害者と事業者との間で，建設的対話をすることが必要である。合理的配慮の提供プロセスでは，個々の障害者が配慮が必要であるとの意思を事業者に表明した後に，障害者と事業者との建設的対話を経て，事業者が配慮を提供する。そのため，合理的配慮は個別的・事後的・対話的性格（後述）を有する。

第３に，意思の表明が困難な障害者については，家族，介助者，コミュニケーションの支援者が本人を補佐することを障害者差別解消法は予定している。そして，「意思の表明がない場合であっても，当該障害者が社会的障壁の除去を必要としていることが明白である場合には，法の趣旨に鑑みれば，当該障害者に対して適切と思われる配慮を提案するために建設的対話を働きかけるなど，自主的な取組に努めることが望ましい」とされる（政府の基本方針）。

本来業務付随（図10-７）

合理的配慮は，事業者の本来の業務に付随した範囲で行われる。たとえば，客室乗務員が，機内において包帯の交換や注射を行ってほしいとの申し出を受けても，それは合理的配慮にはあたらない。なぜなら，航空会社の本来業務には医療行為は含まれないからである（国土交通省の指針）。そのため，包帯の交換や注射を行わなくても差別（合理的配慮の不提供）にはならない。

また，障害者のパーソナル（個人的，私的）な配慮は，基本的には，事業者の本来の業務に付随しないとされる。たとえば，排せつ介助というパーソナルな配慮はレストランの本来の業務（飲食の提供）に付随しない。

図10-７　本来業務付随

そのようなパーソナルな配慮を含め，事業者の本来業務に付随しない配慮は，障害者総合支援法などの下で公的な負担で提供されることが求められる。ただし，たとえば通学時や通勤時の配慮などは，事業者が負うべき負担か，あるいは公的な負担とすべきか，議論がある。

機会の平等（図10-８）

合理的配慮は機会の平等を実現するためのものである。機会の平等という概念は多義的である。本書では，事柄の本質部分に関して等しい者を等しく扱うことを平等（取扱）というが（**第８章**），これを機会の平等ということもできる。たとえば，レストランを利用するという事柄に

図10-８　機会の平等

とっての本質部分は飲食代（利用料）の支払いである。飲食代を等しく支払うつもりのある障害者が，レストランを利用する等しい機会を享受できないのであれば，機会の平等が実現しているとはいえない。**図10-８**の例では機会の平等の実現のために段差にスロープを渡すのが合理的配慮である。

本質変更不可（図10-９）

合理的配慮は，事柄の本質そのものを変更しない。ここではイベント開催を例に考えてみよう。

イベント代金の支払いはイベント参加（事柄）の本質部分のひとつと言えるであろう。仮に障害者がイベント代金の免除を求めたとしても，それは合理的配慮としては認められない。イベント代金の免除は事柄の本質部分を変更するからだ。

図10-９　本質変更不可

これに対して，自動車での参加を認めるよう主催者に求めることは，合理的配慮として認められる。自動車参加は，事柄の本質部分（イベント代金の支払い）を変更しないからだ。

他の例として，暗闇で食事を楽

しむレストランがある。このレストランのウリは暗闇である。これを楽しみに御客がくる。暗闇がこのレストランの本質部分の１つとなっている。暗闇だと手話ができなくなるから部屋を明るくするという配慮は，このレストンのウリ（本質部分）を変更してしまうため，合理的配慮にあたらない。

4. 不当な差別的取扱いと合理的配慮の関係

事業者が合理的配慮のつもりで障害者の意向を尊重せずに何らかの配慮をすると，不当な差別的取扱いが生じることがある。

たとえば，ある英語の教員が，障害学生が自分の授業を受けていることを知っていたとする。教員は，他の学生は一人ひとり当てて質問したのに，その障害学生を当てるとかわいそうだと思って，当てずに飛ばした。教員は合理的配慮のつもりで当てなかったのである。

たしかに障害学生によっては合理的配慮として自分を授業中に当てないでほしい，と教員に求める者もいる。しかし，上記の障害学生は，そのような配慮を求めていなかった。むしろその障害学生は，自分が障害者だから当てられなかったことを不当な差別的取扱いだと考えた。

この例では，教員が授業中に障害学生を当てなかったという事実がある。その事実を不当な差別的取扱いと考える障害学生と，合理的配慮だと考えてしまった教員がいる。このような事態が生じないようにするためには，教員が障害学生の意向を十分尊重するほかない。自分を当てないでほしいという障害学生もいれば，他の学生と同じように当ててほしいという障害学生もいる。教員が，たとえよかれと思っても，勝手に判断して障害者だから当てないのであれば，不当な差別的取扱いが生じる事態を招きうる。

先に述べたように，合理的配慮はルールに例外を設ける機能もはたす。

不当な差別的取扱いもルールに例外を設ける機能をはたす。たとえば，入場料を払えばだれでも参加できる（というルールを設けている）イベントがあるとする。このイベントに参加したい障害者がいたところ，障害者だけは入場料を払っても例外的にイベントに参加できないと主催者が言えば，そのルールの例外設定は不当な差別的取扱いにあたる。障害者の意向を尊重するかしないかで，ルールの例外設定は不当な差別的取扱いにも合理的配慮にもなりうるのである。

5. 合理的配慮と事前的改善措置の関係

事業者や行政機関等が障害者のためにバリアフリーを行う手法は２つある。１つは合理的配慮である。もう１つは事前的改善措置である。後者は「環境の整備」（障害者差別解消法５条）と言われる。

合理的配慮は，特定の障害者個人のためになされるバリアフリーである。一般に，特定の障害者個人が相手方にバリアフリーをしてほしいと意思を表明してはじめて，相手方はバリアの存在を認識する。なぜなら，障害者と相手方は互いの情報を共有していないことが一般的だからだ（情報の非共有性）。相手方は障害者から言われない限り，バリアフリーをすべきかどうか分からない状況に置かれることが多い。そして，相手方は，バリアの存在を認識した後に，バリアを取り除くために，その特定の障害者個人と建設的対話を行う。その対話の後に相手方はバリアを除去する。

このため，合理的配慮の提供を決定するプロセスは個別的・事後的・対話的性格を有する。さらに，この対話は継続することもある。たとえば大学と学生との関係のような継続的な関係の中で，大学が合理的配慮をいったん提供しても，その見直しが後に必要となることがあるからだ。よりよい合理的配慮を提供するために両者の対話は継続していくのである。

これに対して，事前的改善措置は，不特定多数の障害者（障害者一般，障害者集団）のために，特定の障害者個人からの意思の表明を待たずに，あらかじめバリアを除去しておくものである。このため，事前的改善措置は集団的・事前的な性格を有する。政府の基本方針は次のように記す。

> 「法は，不特定多数の障害者を主な対象として行われる事前的改善措置（いわゆるバリアフリー法に基づく公共施設や交通機関におけるバリアフリー化，意思表示やコミュニケーションを支援するためのサービス・介助者等の人的支援，障害者による円滑な情報の取得・利用・発信のための情報アクセシビリティの向上等）については，個別の場面において，個々の障害者に対して行われる合理的配慮を的確に行うための環境の整備として実施に努めることとしている。」（下線部は引用者による。）

事前的改善措置は，合理的配慮とは異なり，特定の障害者個人との建設的対話を経る必要がない。もっとも，障害者のニーズや選好を十分に考慮に入れず，事前的改善措置をするのであれば，それはバリアフリーとしては実効性を欠くことがある。そのため，事前的改善措置であっても，障害者団体や関係障害者との建設的対話は必要となろう。

合理的配慮と事前的改善措置とは密接に関連する。ある特定の障害者のためになされた合理的配慮（スロープの配備など）が，結果的に，不特定多数の障害者のための事前的改善措置になっていることがある。また，事前的改善措置（エレベーターの設置など）を計画的に講じることによって，合理的配慮が不要になったりすることもある（政府の基本方針）。

学習課題

・日本において障害者差別解消法に定める合理的配慮が問題となった事例があるか調べてみよう。

参考文献

・川島聡，飯野由里子，西倉実季，星加良司．(2016)．『合理的配慮：対話を開く，対話が拓く』有斐閣．
・川島聡．(2021)．「障害者差別解消法の差別類型に関する一考察」実践成年後見93号, 36-44.
・―――．(2021)．「（資料）意見書：障害者に対する不当な差別的取扱とは何か」立命館生存学研究第５号, 59-86.
・国土交通省．(2017)．「国土交通省所管事業における障害を理由とする差別の解消の推進に関する対応指針」．
・政府の基本方針．(2015)．「障害を理由とする差別の解消の推進に関する基本方針」(平成27年２月24日閣議決定)．

11 教育を変える

川島　聡

《目標＆ポイント》 本章では，障害者の教育をめぐる課題を考える。2013年9月に学校教育法施行令が一部改正され，本人・保護者の意向を可能な限り尊重した総合的判断によって就学先が決定されることになった。しかし，総合的判断の下でも，障害児が希望の就学先に行けない場合があり，訴訟も提起されている。また,障害児が希望の就学先（通常の学校）に行けたとしても，保護者の付添い等が問題となっている。国連は，インクルーシブ教育の実現を日本に求めるが，そもそもインクルーシブの概念をめぐり争いがある。

《キーワード》 就学先，医療的ケア，インクルーシブ教育，特別支援教育

1．就学先

Ａくんは，先天性ミオパチー（先天的な筋力低下・筋緊張低下を特徴とする難病）による呼吸器機能障害がある。身体障害者手帳１級の認定を受けている。自発的呼吸が困難で，人工呼吸器を24時間使用する。車いすではなく，介助者が押すバギーに乗って移動する。経口栄養摂取が困難で，経鼻胃管栄養摂取である。自力の排泄や体位変換ができず，24時間体制での介護が必要だ。

Ａくんは養護学校（特別支援学校）に就学するよう指定されたが，Ａくんと両親は小学校の特別支援学級への就学を求めた。結果として，横浜地方裁判所はＡくんらの請求を棄却した（横浜地判令和２年３月18日判時2483号３頁）。では，そもそも障害のある児童生徒の就学先はど

のように決定されるのであろうか。

就学先の決定

Aくんの両親を含む保護者は，子に普通教育を受けさせる義務（就学義務）を負う。就学義務とは，子に小学校（特別支援学校の小学部を含む）で6年間と，中学校（特別支援学校の中学部等を含む）で3年間の教育を受けさせる義務をいう。

就学義務の根拠規定は，「すべて国民は，法律の定めるところにより，その保護する子女に普通教育を受けさせる義務を負ふ」と規定する憲法第26条第2項，教育基本法第5条，学校教育法第16条・第17条，である。

就学義務を確実に履行させるために，都道府県教育委員会や市町村教育委員会は学校教育法施行令に定める就学事務を行う（文部科学省a）。就学事務の1つが，Aくんの事案で問題となった就学先の決定である。

かつては，学校教育法施行令第22条の3（障害の程度）に該当する児童生徒は，特別支援学校への就学が原則であった。通常の学校への就学は，例外的な場合に可能であった。

しかし，2013年9月に学校教育法施行令が一部改正されて，就学先決定の仕組みが変わった。この改正によって，学校教育法施行令第22条の3に該当すれば原則として特別支援学校に就学する，というルールはなくなった。

改正後のルールによれば，学校教育法施行令第22条の3に該当する児童生徒の就学先は，市町村教育委員会が，本人・保護者の意向を可能な限り尊重しつつ，総合的に判断して決定することになった。

そのように市町村教育委員会が総合的に判断し，特別支援学校に就学させることが適当であると認めた者を，認定特別支援学校就学者という。市町村教育委員会は，都道府県教育委員会に対し，認定特別支援学校就学者の氏名と特別支援学校に就学させるべき旨の通知などをする。それから都道府県教育委員会は保護者に対して特別支援学校の入学期日の通知などを行う。

Ａくんも，市教育委員会の総合的判断を経て，認定特別支援学校就学者となり，特別支援学校に入学することになった。

特別支援教育

ところで，Ａくんを含め特別な支援を必要とする障害のある幼児児童生徒が受ける教育を特別支援教育という。特別支援教育は，「学校教育法等の一部を改正する法律」（2006年成立，2007年４月施行）によって導入された。

この改正法によって，障害の程度等に応じて特別の場で指導を行う「特殊教育」は終わりを告げた。それに代わって，「幼児児童生徒一人一人の教育的ニーズ」に応じて教育的支援を行う特別支援教育の幕が開けたのである。特別支援教育は以下のように定義される。

> 「特別支援教育は，障害のある幼児児童生徒の自立や社会参加に向けた主体的な取組を支援するという視点に立ち，幼児児童生徒一人一人の教育的ニーズを把握し，その持てる力を高め，生活や学習上の困難を改善又は克服するため，適切な指導及び必要な支援を行うものである。
>
> また，特別支援教育は，これまでの特殊教育の対象の障害だけでなく，知的な遅れのない発達障害も含めて，特別な支援を必要とする幼児児童生徒が在籍する全ての学校において実施されるものである。」（文部科学省ｂ 2007）（下線部は引用者による。）

特別支援教育は，この下線部にあるように，障害のために特別な支援を必要とする子どもが在籍するすべての学校において実施される。そして，特別支援教育は，通常の学級，通級による指導，特別支援学級，特別支援学校といった，連続性のある「多様な学びの場」（**図11-１**）でなされる。

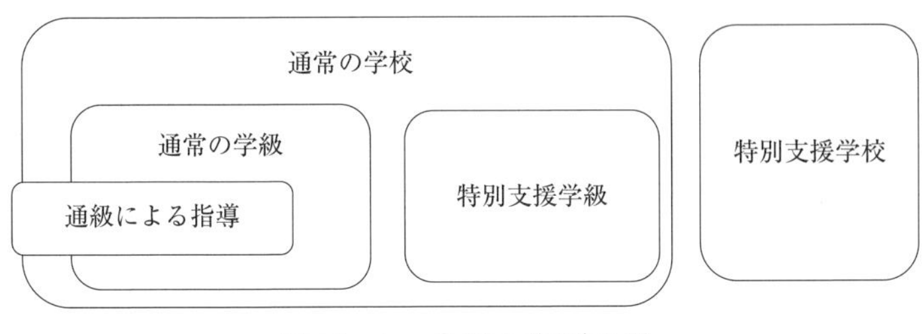

図11-１　多様な学びの場

多様な学びの場

特別支援学校，特別支援学級，通級による指導とは何かを，それぞれ対象としている障害種が異なる点にも着目し（**表11-１**），述べてみよう（文部科学省c）。

特別支援学校の対象障害種は**表11-１**の❶である。特別支援学校の目的は，「幼稚園，小学校，中学校又は高等学校に準ずる教育を施すとともに，障害による学習上又は生活上の困難を克服し自立を図るために必要な知識技能を授けること」にある（学校教育法第72条）。

特別支援学級の対象障害種は**表11-１**の❷である。特別支援学級とは，障害による学習上又は生活上の困難を克服するための教育を行うために設置される学級をいう。

通級による指導とは，**表11-１**の❸の対象障害種に該当し，かつ，通常の学級に在籍する者（通常の学級での学習におおむね参加でき，一部特別な指導を必要とする者）に対して，その一部について特別な場（通級指導教室）において障害に応じた特別の指導を行うことをいう。このため，特別支援学級の在籍児は，通級による指導の対象にはならない。また，知的障害者は，特別支援学校及び特別支援学級の対象となるが，通級による指導の対象にはならない。

なお，通級による指導の実施形態としては，自分の在籍する学校に設置されている通級指導教室に通う場合（自校通級），他の学校に設置されている通級指導教室に通級する場合（他校通級），通級による指導の担当教師が該当学校に赴き指導を行う場合（巡回指導）がある。

表11-１　多様な学びの場の対象障害種（文部科学省資料，令和４年版障害者白書）

❶特別支援学校の対象障害種	❷特別支援学級の対象障害種	❸通級による指導の対象障害種
視覚障害	弱視	弱視
聴覚障害	難聴	難聴
肢体不自由	肢体不自由	肢体不自由
病弱・身体虚弱	身体虚弱	病弱・身体虚弱
	言語障害	言語障害
	自閉症・情緒障害	自閉症
		情緒障害
知的障害	知的障害	
		学習障害
		注意欠陥多動性障害

10年で約２倍

表11-２は，特別支援学校等での児童生徒の増加数をまとめたものである。2011年と2021年とを比較すると，この10年で，義務教育を受ける児童生徒数は１割ほど減っている。

しかし，この10年で，特別支援教育を受ける児童生徒数は1.9倍になった。特別支援学級に通う児童生徒数は10年で2.1倍増えた。通級による指導も10年で２倍増えている。

特別支援学校に通う児童生徒数は，10年で1.2倍となった。障害者権利条約は，障害者と非障害者が共に学ぶことを求めているが，日本ではそれとは逆の現象が見られる。

表11-２　児童生徒の増加数（文部科学省資料，令和４年版障害者白書）

	2011年度	2021年度	
義務教育段階の全児童生徒数	1054万人	961万人	0.9倍
特別支援教育を受ける児童生徒数	28.5万人	53.9万人	1.9倍
特別支援学校	6.5万人	8.0万人	1.2倍
小学校・中学校			
特別支援学級	15.5万人	32.6万人	2.1倍
通常の学級（通級による指導）	6.5万人	13.3万人	2.0倍

2. 親の付添い

繰り返しになるが，通常の学校，特別支援学校，特別支援学級は，必ずしも本人・保護者の希望通りに行けるわけではない。Ａくんは特別支援学級に行くことを希望したが，入学が認められなかった。もちろん，希望通りに通常の学校に行ける場合もあるが，入学後にさまざまな困難を経験することもある。以下では，Ａくんとは異なり通常の学校（の通常学級）に通うＢくんと両親が訴訟を提起した例をみてみよう。

名古屋医療的ケア児訴訟

Ｂくんは，Ａくんと同じく医療的ケア児である。人工呼吸や喀痰(かくたん)吸引など医療的なケアが必要な子どもだ。

Ｂくんは，出生後間もなく声門下狭窄症(きょうさくしょう)にり患し，気管切開を受けて，気管カニューレを挿管した。Ｂくんは，小学校２年のときに気管閉塞部を切開してＴチューブを挿入した。カニューレ等が挿管されているため，必要に応じ喀痰吸引が必要である。

カニューレ等が外れた場合は次第に呼吸ができなくなるので，カニューレ等が外れないように注意を要する。さらに，カニューレ等が留置（りゅうち）されている気管切開部から水を吸い込んだ場合は，すぐに肺に水が入ってしまうため，生命に関わる危険な状態となる。

結果的にＢくんは小学校に通えたが，両親に負担が残った。たとえば教育委員会は小学校登校の条件としてＢくんの連絡票等を登校日に持参するよう保護者に求めた。たしかに学校はＢくんの健康状態等の情報が必要だ。しかし，保護者が連絡票等を持参せずとも，連絡票等をＢくんにもたせてもよいのではないか。また，小学校の校長らはＢくんの校外学習に父母の付添いを求めたが，それはどうしても必要か。両親は疑問に思った。両親（保護者）の負担を軽減することも重要だ。家族は離職するケースもある。

結局，両親と学校側との話し合いは不調に終わり，Ｂくんと両親は名古屋地方裁判所に訴訟を提起したが，教育委員会が保護者に連絡票等の持参を義務付けたことや校長らが校外学習に保護者の付添いを求めたこと等は障害者差別解消法７条（差別禁止）等に反しないとの判決が下った（名古屋地判令和２年８月19日判タ1490号159頁。後に控訴棄却。名古屋高判令和３年９月３日）。

合理的配慮

Ａくんの裁判とＢくんの裁判では，実のところ，合理的配慮も１つの争点となっていた。詳しくは本章の参考文献（今川 2022；廣澤 2022；髙森 2023）にあたっていただきたい。ここではそもそも合理的配慮とは何かを簡単に説明する。

合理的配慮とは，簡潔に言うと，障害のある子どもの個々の必要に応じた変更・調整で，過度の負担を伴わないものをいう。より詳しく言うと，中教審報告（中央教育審議会初等中等教育分科会 2012）は，「合理的配慮」とは，

> 「障害のある子どもが，他の子どもと平等に『教育を受ける権利』を享有・行使することを確保するために，学校の設置者及び学校が必要かつ適当な変更・調整を行うことであり，障害のある子どもに対し，その状況に応じて，学校教育を受ける場合に個別に必要とされるもの」であり，「学校の設置者及び学校に対して，体制面，財政面において，均衡を失した又は過度の負担を課さないもの」（下線部は引用者による。）

と定義した。

これは障害者権利条約第２条の定義を子どもの教育の文脈で展開したものである。ポイントは４点ある。

①「他の子どもと平等に『教育を受ける権利』を享有・行使する」と記されているように，合理的配慮は「平等」を確実にすることをめざす。

②「必要かつ適当な変更・調整」と記されているように，合理的配慮は「平等」を達成するために現状を調整・変更する。

③「個別に必要とされる」と書いてあるのは，上記②の変更・調整が不特定の障害のある子ども一般のためにではなく，個々の特定の障害のある子どものためになされるからだ。

④上記②の変更・調整は学校側に「均衡を失した又は過度の負担を課

さないもの」に限られる。

合理的配慮をしないことは，障害者権利条約や障害者差別解消法では差別とされる。つまり，過度の負担がないにもかかわらず，障害者個人のニーズを考慮に入れず，変更・調整を怠れば，「合理的配慮の否定」という差別が発生する。

中教審によれば，「『合理的配慮』は，一人一人の障害の状態や教育的ニーズ等に応じて決定されるものであり，設置者・学校と本人・保護者により，発達の段階を考慮しつつ，『合理的配慮』の観点を踏まえ，『合理的配慮』について可能な限り合意形成を図った上で決定し，提供されることが望ましく，その内容を個別の教育支援計画に明記することが望ましい」とされる。

なお，合理的配慮の基礎となる環境整備を基礎的環境整備という。基礎的環境整備に基づいて，設置者及び学校は個々の障害児のために合理的配慮を行うことになる。基礎的環境整備は，障害者差別解消法第５条の「環境の整備」(事前的改善措置) と同様の考え方にたつ。

医療的ケア児支援法

ＡくんらやＢくんらの主張は裁判所で認められなかった。だが，国会では，ＡくんやＢくんのように医療的ケアが必要な子どもが学校に行きやすくなるように，また父母の負担が軽減するように，新たな法律が2021年６月１日に成立した。その名を「医療的ケア児及びその家族に対する支援に関する法律」という。略して「医療的ケア児支援法」だ。同９月18日から施行された。法律でいう「医療的ケア」とは，「人工呼吸器による呼吸管理，喀痰吸引その他の医療行為」を意味する。

この法律の目的には，医療的ケア児の健やかな成長を図るとともに，その家族の離職の防止に資する，と記された。医療的ケア児本人とその家族のどちらにも言及があるところに法律の特徴がある。この法律は，安心して子どもを生み，育てることができる社会の実現に寄与することを目的に据えている。

この法律には，①共学（国連のいうインクルーシブ教育）の実現，②障害児と家族の意向，③地域格差，④付添い，⑤学校の責務，⑥医療的ケアの人材，などの重要な課題に対応する規定が含まれている。以下，それぞれ簡単に紹介する（条文引用中の下線は引用者による）。

①共学の実現に関しては，第３条２項が「医療的ケア児及びその家族に対する支援は，医療的ケア児が医療的ケア児でない児童と共に教育を受けられるよう最大限に配慮しつつ適切に教育に係る支援が行われる」と定める。

②意向の尊重に関しては，第３条４項が「医療的ケア児及びその家族に対する支援に係る施策を講ずるに当たっては，医療的ケア児及びその保護者…の意思を最大限に尊重しなければならない」とする。

③地域格差の問題については，第３条５項が「医療的ケア児及びその家族に対する支援に係る施策を講ずるに当たっては，医療的ケア児及びその家族がその居住する地域にかかわらず等しく適切な支援を受けられるようにすることを旨としなければならない」と定める。

④付添いの問題への対応として，第10条２項は「学校の設置者は，その設置する学校に在籍する医療的ケア児が保護者の付添いがなくても適切な医療的ケアその他の支援を受けられるようにするため，看護師等の配置その他の必要な措置を講ずるものとする」と定める。

⑤学校の責務として，第７条は「学校…の設置者は，基本理念にのっとり，その設置する学校に在籍する医療的ケア児に対し，適切な支援を行う責務を有する」としている。

⑥人材の確保に関して，第10条３項は「国及び地方公共団体は，看護師等のほかに学校において医療的ケアを行う人材の確保を図るため，介護福祉士その他の喀痰吸引等を行うことができる者を学校に配置するための環境の整備その他の必要な措置を講ずるものとする」と規定する。

この法律の施行に伴い，各自治体に医療的ケア児支援のための予算（地方交付税）が配分されることになった。医療的ケア児の共学体制が一歩前進したことは間違いない。だが，課題もある。たとえば，法施行から約１年後に調査を実施したNHK（2022）によると，法が設置を求める支援や相談の拠点を８割近くの自治体は設置しているが，設置した自治体の多くが「医療的ケア児を受け入れる保育所や学校など，地域資源の不足が課題」と答えている。

3. インクルーシブ教育

障害者権利条約第24条

障害児が非障害児と同じ場で共に学ぶこと（共学）をインクルーシブ教育という。先にみた「医療的ケア児支援法」もインクルーシブ教育を重視している。

Ａくんの就学先の決定は，この意味でのインクルーシブ教育が認められなかった例だ。たしかにＡくんの場合は特別支援学級を希望していたため，厳密に言えば，完全なインクルーシブ教育を求めていたわけではない。しかし，Ａくんと両親は同じ学校内で学ぶことを希望していたため，少なくとも特別支援学校よりもインクルーシブな環境を求めていたと言える。また，通常学級に通うＢくんと両親は，合理的配慮の提供等を通してインクルーシブ教育の質的向上を求めていたと考えられる。

障害者権利条約第24条は，「インクルーシブ教育システム」（inclusive education system）の確保を日本に義務づけている。「インクルーシブ教育システム」は，第24条の公定訳文（官報に掲載された訳文）を見ると，「障害者を包容する…教育制度」と訳されている。

厳格な（素直な）解釈では，通常の学校の中の通常の学級でおこなわれる教育がインクルーシブ教育だ。これが，国連障害者権利委員会の解釈である。緩やかな解釈では，通常の学校（通常の学級，通級による指導，特別支援学級）でおこなわれる教育がインクルーシブ教育である。これに対して，日本政府の解釈は，厳格な解釈でもなく，緩やかな解釈でもなく，独自のものである。なぜなら，日本政府は，以下で述べるように，「同じ場で共に学ぶ」ことを追求しつつも，特別支援学校を含む「多様な学びの場」を認めた教育をインクルーシブ教育システムとしているからだ（今川奈緒茨城大学准教授と本章筆者の見解）。

日本政府の解釈

2009年末から障害者権利条約の締結に必要な国内法の整備が進められ，その一環として，2011年８月に障害者基本法が改正された（**第９章**）。改正後の第16条１項は，

> 「国及び地方公共団体は，障害者が，その年齢及び能力に応じ，かつ，その特性を踏まえた十分な教育が受けられるようにするため，可能な限り障害者である児童及び生徒が障害者でない児童及び生徒と共に教育を受けられるよう配慮しつつ，教育の内容及び方法の改善及び充実を図る等必要な施策を講じなければならない。」（下線部は引用者による。）

と定めた。下線部（「･･･共に教育を受けられるよう･･･」）は，この改正によって条文中に追加された箇所の一部であり，障害者権利条約第24

条の規定を踏まえたものである。

翌2012年７月23日に取りまとめられた中教審報告（中央教育審議会初等中等教育分科会 2012）には，日本におけるインクルーシブ教育システム構築に関する考え方が示されている。中教審報告は，障害者権利条約第24条にいう「インクルーシブ教育システム」の概念を以下のように記す。

「障害者の権利に関する条約第24条によれば，『インクルーシブ教育システム』（inclusive education system，署名時仮訳：包容する教育制度）とは，人間の多様性の尊重等の強化，障害者が精神的及び身体的な能力等を可能な最大限度まで発達させ，自由な社会に効果的に参加することを可能とするとの目的の下，障害のある者と障害のない者が共に学ぶ仕組みであり，障害のある者が「general education system」（署名時仮訳：教育制度一般）から排除されないこと，自己の生活する地域において初等中等教育の機会が与えられること，個人に必要な『合理的配慮』が提供される等が必要とされている。」（下線部は引用者による。）

このように，中教審報告は，多様性尊重・能力発達・社会参加という目的の下での，「障害のある者と障害のない者が共に学ぶ仕組み」をインクルーシブ教育システムとする。そして，中教審報告は，以下のように，①共生社会，②インクルーシブ教育システム，③特別支援教育の３つの関係を整理し，インクルーシブ教育システムにおいては特別支援学校が必要である，としている。

すなわち，①共生社会とは，「誰もが相互に人格と個性を尊重し支え合い，人々の多様な在り方を相互に認め合える全員参加型の社会」をいう。②共生社会の形成に向けて，インクルーシブ教育システムの理念が重要となる。③インクルーシブ教育システムの構築のために，特別支援教育を着実に進めていく必要がある――これが中教審報告の論理である。

また，中教審報告によれば，インクルーシブ教育システムでは，障害者と非障害者が「同じ場で共に学ぶことを追求する」が，それだけではなく，「教育的ニーズに最も的確に応える指導を提供できる，多様で柔軟な仕組みを整備することが重要であ」り，「通常の学級，通級による指導，特別支援学級，特別支援学校といった，連続性のある『多様な学びの場』を用意しておくことが必要である」。

以上のように，中教審報告のいうインクルーシブ教育システムは，たしかに「同じ場で共に学ぶことを追求する」が，特別支援学校という分離した場も積極的に肯定する。なお，障害者権利条約第24条は「一般的な教育制度（general education system）」から障害者が排除されないことを日本に求めるが，この「一般的な教育制度」は通常の学校と特別支援学校を含んでいる，と理解するのも日本政府の解釈である。

対日総括所見

国連障害者権利委員会は，対日総括所見の中で，日本の特別支援学級にも懸念を示している。このことから，障害者権利委員会の念頭にある「インクルーシブ教育システム」は，特別支援学校と特別支援学級を含まず，通常の学校の中の通常の学級を対象とするものである，と考えられる。すなわち，「インクルーシブ教育システム」の解釈として厳格な立場をとるのが障害者権利委員会である。

障害者権利委員会が2022年９月に採択した対日総括所見（**表11-３**）は，「分離された特別教育が永続していること」，「通常環境での教育を利用しにくくしていること」,「通常の学校に特別支援学級があること」,「障害のある児童が通常の学校への入学を拒否されること」,「特別学級の児童が授業時間の半分以上を通常の学級で過ごしてはならないとした，2022年に発出された政府の通知」（文部科学省通知「特別支援学級及び通級による指導の適切な運用について」）などを懸念した。

そして，対日総括所見は,「分離特別教育を終わらせることを目的」に掲げた国内法制上のインクルーシブ教育を受ける権利の承認と，インクルーシブ教育に関する国家の行動計画の採択と，障害児の通常の学校の利用機会の確保と, 通常の学校の障害児通学拒否を認めない「非拒否」条項の作成とを，日本に勧告した。

ところが，永岡桂子文部科学大臣は2022年９月13日の記者会見で，次のように特別支援教育を中止することは考えていない，と明言した。

> 「これまでの文部科学省では，このインクルーシブ教育システムの実現に向けまして，障害のある子供と障害のない子供が可能な限り共に過ごす条件整備と，それから，一人一人の教育的ニーズに応じた学びの場の整備, これらを両輪として取り組んでまいりました。特別支援学級への理解の深まりなどによりまして，特別支援学校ですとか特別支援学級に在籍するお子様が増えている中で，<u>現在は多様な学びの場において行われます特別支援教育を中止することは考えてはおりません。</u>」（下線部は引用者による。）

また，永岡桂子文部科学大臣は,

> 「ご指摘の通知（文部科学省の通知「特別支援学級及び通級による指導の適切な運用について」—引用者）は，特別支援学級で半分以

上過ごす必要のない子供については，やはり，通常の学級に在籍を変更することを促すとともに，特別支援学級の在籍者の範囲を，そこでの授業が半分以上必要な子供に限ることをですね，目的としたものでございまして，むしろインクルーシブを推薦（推進）するものでございます。勧告で撤回を求められたのは大変遺憾であると思っております。」（下線部は引用者による。「推薦」は誤字で「推進」であるとの注が原文に付されている。）

と述べて，通知の撤回には応じないとした。

このような対日総括所見に対する日本政府（文部科学省）の姿勢を見ると，国連障害者権利委員会と日本政府（文部科学省）との間には，基本的な問題意識のすれ違いがあるように思われる。国連障害者権利委員会は，障害者権利条約第24条は障害者と非障害者とが「同じ場で共に学ぶ」ことを妥協せず徹底的に追及することを国家に求める条文であると解しており，「多様な学びの場」という考え方を否定しているが，一方で，「多様な学びの場」こそが第24条の実現にとって必要であると考えるのが日本政府である。ちなみに付言すると，日本では，分けられた（多様な）学びの場の間で，障害のある幼児児童生徒と障害のない幼児児童生徒との交流及び共同学習を行うという方策等も一応用意されている。

なお，本章では，紙幅の都合により高等教育などを取り上げなかった。この点，対日総括所見が「大学入学試験及び学習過程を含め，高等教育における障害のある学生の障壁を扱った国の包括的政策を策定すること」を勧告したことや，改正障害者差別解消法の施行により私立大学の合理的配慮が義務化されること（2024年４月）が注目される。

表11-３　対日総括所見（抜粋）（外務省仮訳。下線部は引用者による。）

教育（第24条）

51. 委員会は，以下を懸念する。

(a) 医療に基づく評価を通じて，障害のある児童への分離された特別教育が永続していること。障害のある児童，特に知的障害，精神障害，又はより多くの支援を必要とする児童を，通常環境での教育を利用しにくくしていること。また，通常の学校に特別支援学級があること。

(b) 障害のある児童を受け入れるには準備不足であるとの認識や実際に準備不足であることを理由に，障害のある児童が通常の学校への入学を拒否されること。また，特別学級の児童が授業時間の半分以上を通常の学級で過ごしてはならないとした，2022年に発出された政府の通知。

（以下略）

52.（略）委員会は以下を締約国に要請する。

(a) 国の教育政策，法律及び行政上の取り決めの中で，分離特別教育を終わらせることを目的として，障害のある児童が障害者を包容する教育（インクルーシブ教育）を受ける権利があることを認識すること。また，特定の目標，期間及び十分な予算を伴い，全ての障害のある生徒にあらゆる教育段階において必要とされる合理的配慮及び個別の支援が提供されることを確保するために，質の高い障害者を包容する教育（インクルーシブ教育）に関する国家の行動計画を採択すること。

(b) 全ての障害のある児童に対して通常の学校を利用する機会を確保すること。また，通常の学校が障害のある生徒に対しての通学拒否が認められないことを確保するための「非拒否」条項及び政策を策定すること，及び特別学級に関する政府の通知を撤回すること。

（以下略）

学習課題

・本章では言及しなかった，世界ろう連盟（World Federation of the Deaf：WFD）のいうインクルーシブ教育の概念を調べてみよう。

参考文献

・今川奈緒．(2022)．「川崎就学訴訟（横浜地判令和２年３月18日）における認定特別支援学校就学者の指定の違法性」人文社会科学論集１号，93-104.

・大谷恭子．(2022)．「川崎医療的ケア児就学裁判横浜地裁判決について」障害法６号，109-115.

・川島聡．(2021)．「医学的ケア（喀痰吸引）を必要とする子どもと障害者差別解消法」(名古屋高等裁判所民事第３部宛の意見書).

・髙森裕司．(2023)．「医療器具整備要求訴訟」障害法７号，121-128.

・中央教育審議会初等中等教育分科会．(2012)．「共社会の形成に向けたインクルーシブ教育システム構築のための特別支援教育の推進（報告)」(平成24年７月23日）https://www.mext.go.jp/b_menu/shingi/chukyo/chukyo3/044/houkoku/1321667.htm

・永岡桂子文部科学大臣記者会見録（令和４年９月13日） https://www.mext.go.jp/b_menu/daijin/detail/mext_00300.html

・廣澤明．(2022)．「川崎就学訴訟横浜地裁判決（令和２年３月18日）の問題点」障害法６号，117-123.

・文部科学省a.「就学事務Ｑ＆Ａ」 https://www.mext.go.jp/a_menu/shotou/shugaku/detail/1422234.htm

・文部科学省b.(2007)．「特別支援教育の推進について（通知)」 https://www.mext.go.jp/b_menu/shingi/chukyo/chukyo3/044/attach/1300904.htm

・文部科学省c.「特別支援教育」 https://www.mext.go.jp/a_menu/01_m.htm

・令和４年版障害者白書　https://www8.cao.go.jp/shougai/whitepaper/r04hakusho/zenbun/pdf/s3-1-1.pdf

・NHK News Web「医療的ケア児支援法 自治体で拠点の設置進むも 受け入れに課題」(2022年９月18日23時57分） https://www3.nhk.or.jp/news/html/20220918/k10013824731000.html

12 就労を変える

川島　聡

《目標＆ポイント》 本章では，障害者の就労をめぐる課題を考える。障害者の一般就労への包摂を支えるための特別制度として，差別禁止，合理的配慮，雇用率制度がどのようなものであるか説明する。それと同時に，一般就労から分離されている福祉的就労（分離した特別制度）がどのようなものであるかも説明する。その上で，障害者の一般就労への包摂と，障害者の福祉的就労の選択（自律）との関係を考える。

《キーワード》 差別禁止，合理的配慮，雇用率制度，福祉的就労，A型事業所，B型事業所

1．阪神バス事件

2013年に障害者雇用促進法が改正された。この改正によって，障害のある労働者に対する事業主の合理的配慮の義務が導入された（2016年施行）。

ただ，実のところ，この改正の前年に神戸地裁尼崎支部において，合理的配慮に関して興味深い決定が下されていた。阪神バス仮処分事件（神戸地尼崎支決平成24年４月９日労判1054号38頁）である。

本件の原告はバスの運転士だ。原告は，腰椎椎間板ヘルニアの手術を受けた。その後，神経障害が残って，排便等が困難となる障害を持った。排便のコントロールができなければ運転に支障が生ずる。そのため，原告は投薬を受け，排便を適切にコントロールする必要があった。そして

原告は，阪神電鉄で勤務シフト等に関する配慮（勤務配慮）を受け，午後の比較的に遅い時間から勤務していた。

ところが，その後の会社分割によって事態が変わった。阪神電鉄のバス事業は阪神バスに承継され，原告は阪神バスに転籍し，勤務配慮を受けられなくなったのだ。これは，阪神バスが承継の際に労働組合等と合意した文書に「勤務配慮は原則として認めない」との文言が入っていたためである。そこで原告は提訴した。

神戸地方裁判所尼崎支部は，

> 「身体障害者に対し適切な配慮を行うことは，厚生労働省の障害者雇用対策基本方針（平成21年３月５日告示―引用者）においても求められており，障害者に対し，必要な勤務配慮を合理的理由なく行わないことは，法の下の平等（憲法14条）の趣旨に反するものとして公序良俗（民法90条）ないし信義則（同法１条２項）に反する場合があり得ると解される。」

と判断した。この判断は合理的配慮の否定を差別として実質的に認めたものだと考えられる。

翌2013年，障害者雇用促進法は改正されて合理的配慮を導入した。この法改正は，障害者権利条約の批准（2014年）に向けた国内法整備の一環である（**第９章**）。

法改正によって，事業主は差別を禁止するとともに合理的配慮を提供しなければならなくなった。関連して，厚生労働省は２つの指針を定めた。「障害者に対する差別の禁止に関する規定に定める事項に関し，事業主が適切に対処するための指針」（平成27年厚生労働省告示第116号）と，「雇用の分野における障害者と障害者でない者との均等な機会若しくは待遇の確保又は障害者である労働者の有する能力の有効な発揮の支障となっている事情を改善するために事業主が講ずべき措置に関する指針」（平成27年厚生労働省告示第117号）である。略して，前者は障害者差別禁止指針，後者は合理的配慮指針という。

厚生労働省は「障害者雇用促進法に基づく障害者差別禁止・合理的配慮に関する Q&A【第二版】」も公表している。以下では，このQ&Aを参考にして，差別禁止義務と合理的配慮義務とを概観する。

2. 差別禁止義務

差別の概念

障害者雇用促進法が禁止する差別は，障害を直接理由とする差別である。つまり，ここでいう差別は，障害（障害があること，障害者であること）を直接の理由として，非障害者と比べて障害者を不利益に取り扱うことをいう。

Q&Aは,「募集に際して『「○○」の資格を有すること』というように，一定の能力を有することを条件とすることがあり，これによって特定の障害者が排除される場合も考えられます。これも差別になりますか？」という問いに対し，次のように回答している。

> 「その条件が業務遂行上特に必要なものと認められる場合には，障害者であることを理由とする差別に該当しませんが，業務遂行上特に必要でないにもかかわらず，障害者を排除するためにあえて条件を付している場合は，障害者であることを理由とする差別に該当します。」（下線部は引用者による。）

このような，「『○○』の資格を有すること」という例には，「運転免

図12-１　○○の資格を有する

許を要すること」という採用条件が含まれうる（**図12-１**）。自動車の運転が業務の本質として必須となる仕事では，運転免許を要するという採用条件を課しても差別は生じない。対価をもらって乗客を目的地に運ぶタクシードライバーなどは，少なくとも第二種免許が必須となる（道路交通法第86条）。視覚障害者が第二種免許をもたずタクシードライバーになれなくても差別は生じない。

そもそも,「運転免許を要すること」を採用条件にするというのは,「障害がないこと」を採用条件とすることとはまったく異なる。「障害がないこと」という採用条件であれば，非障害者は採用されるが，障害者が採用される可能性はない。「障害がないこと」という採用条件のように，障害を直接的な理由とした差別（「直接差別」と言われる）を，障害者雇用促進法は禁止しているのである。

これに対して，「運転免許を要すること」という採用条件の下では，非障害者も採用されない可能性がある。「運転免許を要すること」を採用条件とするのは，障害者のみならず非障害者にも関係する。これはいわば障害中立的なルールである。よって，このルールは障害を直接理由とする差別（直接差別）であるとは言い難い。

ただし，注意すべきことがある。それは，Q&Aが「業務遂行上特に必要でないにもかかわらず，障害者を排除するためにあえて条件を付している場合は，障害者であることを理由とする差別に該当」すると指摘している点だ。たとえば視覚障害者を排除しようとして，業務遂行上特に必要ではない運転免許をあえて採用条件に設定すれば，障害を直接理由に差別をしようとする意思が存在するため，直接差別が発生する。

なお，Q&Aは，「『業務遂行上特に必要』とは，当該措置を講じなければ業務遂行上不都合が生じる場合であり，単にあった方が望ましいという程度のものではなく，客観的にみて真に必要である場合をいいます」と記す。

障害者専用求人

Q&Aは，「障害者のみを対象とした求人（いわゆる障害者専用求人）は差別にはなりますか？」という問いに対し，「障害者のみを対象とする求人（いわゆる障害者専用求人）は，<u>障害者を有利に取り扱うものであり</u>，禁止される差別に該当しません」と回答する（下線部は引用者による）。つまり，障害者雇用促進法の下では非障害者への差別は許容される（**図12-2**）。

また，Q&Aは，「障害者手帳を持っている人の求人への応募については，一般求人ではなく，障害者専用求人でのみ受け付けることとすることは可能ですか？」という問いに対し，以下のように回答する。

> 「障害者手帳をお持ちの方に対して，障害者専用求人への応募のみ受け付けることは，障害者であることを理由として，一般求人の募集及び採用の対象から障害者を排除しているため，法で禁止する差別に該当します。」

この問いでは，障害者専用求人と一般求人という２つの求人が念頭に置かれている（**図12-３**）。障害者専用求人は，障害者を有利に扱うため，

図12-２　障害者専用求人

図12-３　２つの求人

障害者に対する差別にはあたらない。障害者を有利に扱う措置は，アファーマティブ・アクションと呼ばれる。障害者専用求人は非障害者を不利に扱うが，上記のとおり障害者雇用促進法は非障害者に対する差別（不利益な取扱い）を禁止していない。

問題となるのは，障害者が障害者専用求人のみで応募を認められており，一般求人からは排除されている，という状況である。障害者は障害者専用求人のほうで応募できるからといって，一般求人からは排除されてもよい，ということにはならない。一般求人から障害者が排除されていること自体が障害者差別にあたる。

関連して，Q&Aは，「特例子会社を設置している場合に，障害者については，一般の求人において，親会社への応募は受け付けず，特例子会社の応募のみ受け付けることとすることは可能ですか？」という問いに対して，「障害者について，親会社への応募を受け付けないことは，単に障害者だからという理由で，障害者の応募を拒否することに他ならず，障害者であることを理由とする差別に該当し，禁止されます」と回答している。

特例子会社とは，事業主が障害者の雇用を特別に考慮に入れて設立する子会社である。事業主は，一定の要件を満たす場合は，特例子会社に雇用されている障害者を親会社に雇用されているものとみなし，障害者雇用率制度（後述）の下で，実雇用率を算定できる。

最低賃金法の減額特例

Q&Aは，「どのような場合に賃金に関する差別になりますか？」という問いに対する回答として，たとえば「労働能力等に基づかず，単に障害者だからという理由で，障害者に対してのみ賞与を支給しないこと」や，「昇給に当たって，障害者に対してのみ試験を課すこと」を挙げる。

このような回答に照らすと，労働能力に基づき賃金に差をつけることは障害者差別にはあたらないことになろう。この点，難しい問題となるのは，最低賃金法第７条の減額特例である（**図12-４**）。なぜなら，本条は，障害者という特定のカテゴリーを設けている点では障害者差別にあたる，と考えられる可能性もあるからだ。

しかし，Q&Aは，「最低賃金法第７条に基づき，障害者に対して最低賃金よりも低い賃金を設定することは差別にはならないのですか？」という問いに対して，以下のように回答する。

> 「最低賃金法は第７条において，使用者が都道府県労働局長の許可を受けたときは，障害により著しく<u>労働能力</u>の低い方について，最低賃金額からその<u>労働能力</u>に応じて減額した額を賃金として設定できることとしています。
>
> これは，障害により著しく労働能率の低い労働者については，一般労働者に適用される最低賃金をそのまま適用すると，<u>これらの労働者の雇用機会を奪い，かえって当該労働者に不利な結果を招くこ</u>

図12-４　最低賃金の減額

ととなるため，都道府県労働局長の許可を条件として，減額を認めるものです。

したがって，同条に基づき，障害者に対して最低賃金より低い賃金を設定したとしても差別には当たりません。」（下線部は引用者による。）

Q&Aのこの説明では，障害により著しく労働能力が低い労働者に対して最低賃金が適用されない（最低賃金から減額した賃金が設定される）ことが正当化されるのは，障害のため著しく労働能力が低い労働者の雇用機会を奪わないためである。つまり，最低賃金の不適用による障害者の不利益と，最低賃金の適用による障害者の不利益（雇用機会の減少）とを比べて，後者の不利益のほうが大きいから，前者は法律に違反する差別にはならない，というのがここでの論理である。

とはいえ，最低賃金の適用によって生じる不利益（雇用機会の減少）が客観的に見て現実にどれほど大きいものであるかが問われるであろう。また，仮にこの不利益が現実に大きいとしても，最低賃金の減額とは異なる他の手段の可能性が十分検討されていたか，疑問に残る。これらの疑問を念頭に置いて，減額特例制度が障害者権利条約に違反するか否かの検証が必要である。

3. 合理的配慮義務

障害者雇用促進法の下で，事業主は障害者に合理的配慮を提供しなければならない。ただし，事業主にとって過重な負担となる場合は，合理的配慮を提供する義務は発生しない。合理的配慮に関する論点をいくつか見てみよう。

障害者の意向尊重

Q&Aは，「過重な負担にならない範囲で合理的配慮に係る措置が複数ある場合は，どのように措置を決めればよいですか？」という問いに対して，以下のように回答している。

> 「合理的配慮に係る措置として考えられる措置が複数あるときは，事業主は，障害者と話し合い，その意向を十分に尊重した上で，複数の措置の中から，より提供しやすいと考える措置を選択することができます。」

このように合理的配慮が複数ある場合には，事業主はより提供しやすいものを選択できる（**図12-5**）。ただし，重要な条件がある。それは障害者と話し合って，障害者の意向を十分に尊重する，ということである。障害者の意向を考慮に入れないことは，障害者雇用促進法の下で認められない。障害者雇用促進法第36条の4は「事業主は，前二条に規定する措置（合理的配慮—引用者）を講ずるに当たっては，障害者の意向を十分に

図12-5　より提供しやすいもの

尊重しなければならない」と定める。

ちなみに，Q&Aは，別の問いに対する回答の中でも，「障害者が希望する措置が過重な負担に該当する場合は，希望通りの措置を講ずる義務はありません。ただし，その場合であっても，障害者と話し合い，その意向を十分に尊重した上で，過重な負担にならない範囲で，合理的配慮に係る何らかの措置を講ずる必要があります」と記し，障害者の意向の十分な尊重を重視する（下線部は引用者による）。

採用前と採用後

Q&Aは，「事業主が，ある労働者について，面接時には障害者であることを知らず，採用後に障害者であることを知った場合も，合理的配慮の提供義務はありますか？」という問いに対して，以下のように回答する。

> 「事業主が，面接時には障害者であることを知らず，採用後に障害者であることを知った場合も合理的配慮の提供義務はあります。事業主は，労働者が障害者であることを把握した際に，遅滞なく，当該障害者に対し，職場において支障となっている事情の有無を確認し，話合いをした上で合理的配慮を提供する必要があります。」（下線部は引用者による。）

ここでは面接時（採用前）と採用後という２つの場面が出てくる（**図12-6**）。障害者は，面接などの募集・採用時に合理的配慮が必要な場合は，事業主に申出をする必要がある。障害者からの申出が合理的配慮の提供義務の契機となるのは，「募集及び採用時にはどのような障害特性を有する障害者から応募があるか分からず，事業主がどのような合理

図12-6　採用後に障害者であることを知った場合

的配慮の提供を行えばよいのか不明確な状況にある」ためである(Q&A)。

他方で，事業主は，採用後に障害者がいることを把握した場合は，その障害者に対し職場で支障となっている事情の有無を確認し，もし当該事情があれば，その障害者の希望を確認し，過重な負担のない範囲で，話合い（建設的対話）を経て合理的配慮を提供する必要がある。もちろん，障害者が，事業主からの確認を待たずに，事業主に職場で支障となっている事情を申し出たり，合理的配慮の希望を申し出たりする場合もある。その場合も，事業主は，過重な負担のない範囲で，話合いをした上で合理的配慮を提供する必要がある。

いずれの場合でも，事業主は障害者と話し合って，障害者の意向を十分に尊重し，合理的配慮を提供しなければならない。

義務と差別

以上のほかに，障害者雇用促進法の合理的配慮義務については少なくとも次の２点に留意しておく必要がある。

第１に，障害者差別解消法が2013年に成立した時点では事業者の合理的配慮の提供は努力義務であったが，障害者雇用促進法の下では，2013年改正時点から事業主の合理的配慮の提供は法的義務となっていた。その理由は，

> 「障害者差別解消法は，事業分野を特定せず，包括的に事業者に対して障害者に対する合理的配慮を求めるものですが，障害者と事業者との関係は事業・業種・場面・状況によって様々であり，求められる配慮の内容・程度も多種多様であることから，各主務大臣が所掌する分野における対応指針を作成し，事業者は，対応指針を参考として，取組を主体的に進めることとしたためです。一方，雇用の分野においては，障害者権利条約において『職場において合理的配慮が障害者に提供されることを確保すること』とされていることや，障害者の自立や社会参加にとって極めて重要な分野であること，労働者と事業主とは雇用契約における継続的な関係にあるとともに，一般に労働者は事業主の指揮命令下にあることから，事業主の合理的配慮の提供は法的義務としています。」（下線は引用者による。）

というものである（Q&A）。ただし，**第10章**で述べたように，障害者差別解消法も，2021年の改正によって，民間事業者の合理的配慮の提供が努力義務から法的義務となった（2024年４月施行予定）。

第２に，障害者差別解消法の下では合理的配慮の不提供は差別とされているが，障害者雇用促進法の下では合理的配慮の不提供は差別として明確に位置づけられていない。この点，障害者権利条約の監視機関である障害者権利委員会は，対日総括所見（2022年９月）の中で，「あらゆる活動分野において，合理的配慮の拒否が，障害を理由とした差別形態の一つとして認識されていないこと」を懸念した。日本は，この懸念を真摯に受け止め，適切な対応をとることが求められる。

4．障害者雇用率制度

以上で見てきた差別禁止と合理的配慮は，障害者を一般就労（一般制度）に包摂するために重要な機能を果たす。しかし，差別禁止と合理的配慮だけでは，障害者の一般就労への包摂は十分に進まない。そのため，障害者雇用率制度という積極的な措置も求められる。これはアファーマティブ・アクション（積極的差別是正措置）として位置づけることもできる。前記の対日総括所見（2022年９月）は，「積極的差別是正措置及び奨励措置を強化すること」を日本に勧告している。

日本では，歴史的には差別禁止や合理的配慮という機会平等アプローチではなくて，障害者雇用率制度という障害者優遇（機会平等を超える有利な待遇という意味での優遇）アプローチが先行して登場した。すなわち，障害者雇用率制度は特定の数値的な結果（後述する法定雇用率）の到達を目指し，障害者を一般就労（一般制度）に積極的に包摂する機能を果たす。ただし，たとえば特例子会社のような障害者のみに特化した就労の場は，「（親会社から）分離された特別制度」と捉えることもできる。そのため，特例子会社が障害者の就労を進めている点が重視されるか，あるいは「分離された特別制度」である点が重視されるかによって，特例子会社への評価は分かれる。

法定雇用率

障害者雇用促進法に定める障害者雇用率制度という特別制度は，従業員に占める障害者の割合を「法定雇用率」以上にする義務を事業主に課す（第43条第１項）。

2022年12月時点で，民間企業の法定雇用率は2.3％である。すなわち，従業員を43.5人以上雇用している事業主は，１人以上の障害者を雇用しなければならない。特殊法人は2.6％，国及び地方公共団体は2.6％，都道府県等の教育委員会は2.5％である。

法定雇用率はこれまで長い年月をかけて引き上げられてきた。民間企業に着目すると，次のとおりである。まず，1976年に法定雇用率が義務化された当初は1.5％であった。1988年に1.6％，1998年に1.8％，2013年に2.0％となった。精神障害者も雇用義務の対象となった2018年４月には2.2％となり，2021年３月から2.3％となった。

最近の新たな展開がある。2023年１月18日の労働政策審議会で，厚生労働省は2023年度から障害者雇用率を2.7％とすることを決めたのだ。ただし，2023年度は2.3％で据え置かれ，2024年度から2.5％，2026年度から2.7％と，段階的に引き上がる。国及び地方公共団体の法定雇用率は3.0％（教育委員会は2.9％）となったが，これも同様に段階的に引き上がる。

厚生労働省「令和３年 障害者雇用状況の集計結果」によると，法定雇用率の未達成企業の割合は48.3％である。半分に達していない。ただし，民間企業に雇用されている障害者の数は61万3,958人であり，過去最高を記録した。

対象となる障害者

障害者雇用促進法制の下では，差別禁止と合理的配慮の対象となる障害者の範囲は，障害者雇用率制度の対象となる障害者の範囲とは異なる。

障害者雇用率制度の対象となる障害者は，手帳所持者であり，かつ，週の所定労働時間が20時間以上の者に限定される。しかし，差別禁止と合理的配慮の対象となる障害者は，障害者手帳や週の所定労働時間による限定を受けない。たとえ障害者手帳を保持していない障害者であっても，医師の診断書などにより障害者であるか否かを（プライバシーに注意した上で）確認できれば，差別禁止と合理的配慮の対象となる。

障害者雇用納付金制度

法定雇用率未達成の事業主は納付金を徴収される。不足１人当たり月額５万円である。これは常用労働者100人超の企業に限られる。100人以下の中小企業は納付金を徴収されない。一方で，雇用率達成の事業主は，超過１人あたり月額２万7000円の調整金が支給される。

このようなお金の流れがあるのが，障害者雇用納付金制度である。これは，障害者の雇用に伴う事業主の経済的負担の調整を図り，障害者の雇用水準全体を引き上げることを目的とする。

5．福祉的就労

障害者総合福祉法は，一般就労とは分離された就労形態（分離した特別制度）を定める。すなわち福祉的就労である。福祉的就労とは，障害者が一般企業で働くことが難しい場合に，障害者のみを対象とする事業所において福祉的支援を得ながら働くことができる制度をいう。

福祉的就労には，就労継続支援Ａ型事業所（以下，Ａ型事業所）や就労継続支援Ｂ型事業所（以下，Ｂ型事業所）での就労などが含まれる。Ａ型事業所とＢ型事業所とは，基本的には，一般企業など通常の事業所（一般制度）での就労が困難な人を対象として，就労の機会を提供し，必要な訓練を行う点では同じである。もっとも，原則としてＡ型事業所は雇用契約を結ぶが，Ｂ型事業所は雇用契約を結ばない。

Ａ型事業所やＢ型事業所で働きたい障害者の数，言い換えれば，Ａ型事業やＢ型事業といった就労系の障害福祉サービスを利用した就労（福祉的就労）を希望する障害者の数は少なくない。もっとも，対日総括所見（2022年９月）は，「作業所及び雇用に関連した福祉サービスから，民間及び公的部門における開かれた労働市場への障害者の移行の迅速化のための努力を強化すること」を日本に勧告している。

ここでいう「作業所及び雇用に関連した福祉サービス」を利用した就労は福祉的就労を意味する。そして，福祉的就労を否定的に評価するのが，障害者権利委員会である。障害者権利委員会は障害者の一般就労（一般制度）への包摂を日本に求めている。

ところが，障害者自身が福祉的就労という「分離された特別制度」を希望している場合は，障害者の一般就労への包摂が進まないというジレンマが生まれる。障害者が一般就労（一般制度）に包摂されることと，障害者が福祉的就労（分離された特別制度）を選択することとの相克又はジレンマという状況にどう向き合うべきかは，**第15章**で取り上げる。

学習課題

・日本において障害者雇用促進法に定める合理的配慮が問題となった事例があるか調べてみよう。

参考文献

・川島聡，飯野由里子，西倉実季，星加良司．(2016)．『合理的配慮：対話を開く，対話が拓く』有斐閣．
・川島聡．(2021)．「（資料）意見書：障害者に対する不当な差別的取扱とは何か」立命館生存学研究５号，59－86．
・厚生労働省のHP：https://www.mhlw.go.jp/stf/seisakunitsuite/bunya/koyou_roudou/koyou/shougaishakoyou/index.html
・永野仁美，長谷川珠子，富永晃一編．(2018)．『詳説 障害者雇用促進法〈増補補正版〉』弘文堂．

13 生活を変える

川島　聡

《目標＆ポイント》 本章では，施設生活から自立生活への転換を取り上げる。まず，自立生活の概念を押さえる。次に，精神障害者の強制入院の問題に着目する。2022年９月採択の対日総括所見は，強制入院の廃止を日本に勧告した。本章は，自立生活の対極にある強制入院の廃止の是非を考えるための素材を提供する。

《キーワード》 強制入院，自立生活，脱施設，精神保健福祉法

1．自立生活

「インディペンデントリビング」と題する映画がある。2020年春に上演された。監督は，自身がヘルパーでもある田中悠輝が務めた。映画の舞台は障害当事者が運営する自立生活センターだ。この映画のホームページ（https://bunbunfilms.com/filmil/）には作品紹介が記されている。その一部を引用してみよう。

「物語の舞台は大阪にある自立生活センター。ここは障害当事者が運営をし，日常的に手助けを必要とする人が，一人で暮らせるよう支援をしている。先天的なものだけでなく，病気や事故などにより様々な障害を抱えながら，家族の元や施設ではなく，自立生活を希望する人たち。自由と引き換えに，リスクや責任を負うことになる自立生活は，彼らにとってまさに“命がけ”のチャレンジだ。家族

との衝突，介助者とのコミュニケーションなど課題も多く，時に失敗することもある。しかし，自ら決断し，行動することで彼らはささやかに，確実に変化をしていく――。」

この引用中に出てくる自立生活センター（Center for Independent Living：CIL）は，1972年にアメリカのカリフォルニア州バークレーで誕生した。障害者自身が運営する自立生活センターは，重度の障害者であっても地域で自立して生活できるよう支援する役割を果たしてきた。

日本では，1986年に自立生活センターが創設された。創設したのはヒューマンケア協会である。中西正司（同協会代表）と上野千鶴子はいう。

「自立生活とは，どんな重度の障害をもっていても，介助などの支援を得たうえで，自己選択，自己決定にもとづいて地域で生活することと定義できる。」（中西・上野 2003: 29）

この自立生活の考え方は，「自立した生活及び地域社会への包容（Living independently and being included in the community）」と題する障害者権利条約第19条（公定訳，以下同じ）にも反映されている。第19条にいう自立は，地域社会において必要な支援を得て本人が決定できる状態（自ら選択できる状態，自律できる状態）をいう。自立は，一人で何でもできることではなく，身の回りのことを一人でできたり，経済的に自活できたりすることでもなく，障害を克服することでもない。

他者（施設，家族を含む）からの不当なコントロール（管理）を受けず，必要な支援を受けながら，自分がどこで誰と住むか等を選択できる生活。それが自立生活である。この意味での自立生活を障害者に保障するよう，第19条は締約国に求めている。次節では，第19条に着目しながら，国連障害者権利委員会の対日総括所見（2022年９月）（以下，たんに総括所見ともいう）を見ておきたい（訳語は外務省仮訳による）。

2. 障害者権利条約第19条と総括所見

地域生活選択権

障害者権利条約第19条は，「全ての障害者が他の者と平等の選択の機会をもって地域社会で生活する平等の権利を有する」と規定する。いわば「地域生活選択権」を定めたのが第19条である。この権利は障害者の地域移行を支える。そして，第19条の下で，障害者が「地域生活選択権」を完全に享受し，地域社会に完全に包容されるための効果的措置を，本条約の締約国である日本は講じなければならない。さらに，第19条は，この効果的措置には次の３点の確保を含む，と定める（下線は引用者による）。

「(a) 障害者が，他の者との平等を基礎として，居住地を選択し，及びどこで誰と生活するかを選択する機会を有すること並びに特定の生活施設（特定の生活様式―引用者）で生活する義務を負わないこと。

(b) 地域社会における生活及び地域社会への包容を支援し，並びに地域社会からの孤立及び隔離を防止するために必要な在宅サービス，居住サービスその他の地域社会支援サービス（個別の支援（パーソナルアシスタンス―引用者）を含む。）を障害者が利用する機会を有すること。

(c) 一般住民向けの地域社会サービス及び施設が，障害者にとって他の者との平等を基礎として利用可能であり，かつ，障害者のニーズに対応していること。」

少し説明を加えると，障害者の「地域生活選択権」を保障するには，障害者が「特定の生活施設」での生活を義務付けられないようにすることが必須となる（第19条（a））。だが，それだけでは「地域生活選択権」の保障は難しく，障害者の地域包摂を支える充実したサービスも必要となる。サービスには，障害者向けのパーソナルアシスタンス（個々の障害者の主体性や自律を重視した支援）等のサービス（第19条（b））と，一般住民向けのサービス（第19条（c））とがある。どちらのサービスも障害者が利用できるようになることを，第19条は締約国に求めている。

地域移行（脱施設）

第19条と関連して総括所見は，「施設入所の永続」を懸念した上で，「障害者の施設入所を終わらせるために迅速な措置をとること」を日本に要請している。つまり，総括所見は障害者の地域移行を徹底して求めている。DPI日本会議副議長の尾上浩二は，「総括所見に盛り込まれている内容を実現するためには，『施設も住宅も』という形で進められてきた日本の障害者政策からの根本的な転換は避けられない」という。

総括所見は，地域移行を目的とする，予算配分実施・国家戦略着手・支援体制強化なども日本に要請している。加えて，総括所見は，

「保護者の下で，実家で生活している者（those dependent on parents and living in their homes），障害者の日常生活及び社会生活を総合的に支援するための法律（障害者総合支援法─引用者）の下でグループホームのような特定の施設形態に置かれる者も含め，障害者が居住地及びどこで誰と生活するかを選択する機会が限定的

> であること。」

を懸念した上で，

> 「障害者が居住地及びどこで誰と地域社会において生活するかを選択する機会を確保し，グループホームを含む特定の生活施設で生活する義務を負わず，障害者が自分の生活について選択及び管理することを可能にすること。」

も日本に要請する（下線とカッコ内の英語は引用者による）。

ここでの懸念や要請は，第19条（a）と密接に関連する。第19条（a）は，繰り返しになるが，障害者が「特定の生活施設」（特定の生活様式）で生活する義務を負わない，と定める。たとえグループホームであっても，あるいは実家であっても，障害者がそこで生活する義務を負わないよう確保することを，総括所見は日本に求めているのである。

また，たとえ障害者が表面上は支援を受けて地域社会で一人暮らしをしていても，実際には支援者が障害者を管理しているのであれば，家族が実家で障害者を管理したり施設が障害者を管理したりするのと同じように，第19条の趣旨に反することになる，と言えよう。

精神科病院

総括所見の第19条関連箇所は精神科病院の問題にも言及する。精神科病院への長期入院などは地域社会での自立生活を妨げる障壁となっており，「地域生活選択権」を制約するからである。総括所見は，「精神科病院にいる障害者の脱施設化」に関心を払って，

> 「公的及び民間の精神科病院における精神障害者及び認知症を有する者の施設入所の推進。特に，精神障害者の期限の定めのない入院の継続。」

を懸念し，

> 「地域社会における精神保健支援とともにあらゆる期限の定めのない入院を終わらせるため，精神科病院に入院している精神障害者の全ての事例を見直し，事情を知らされた上での同意を確保し，自立した生活を促進すること。」

を要請した（下線部は引用者による）。

このように総括所見は，精神障害者の脱病院（脱施設）に向けた日本の課題を示している。たしかに，近時の日本では，「精神保健医療福祉の改革ビジョン」（2004年）において「入院医療中心から地域生活中心」という基本理念が示され，この基本理念をさらに推進するために，「精神障害にも対応した地域包括ケアシステムの構築」（2017年）が新たな政策理念として掲げられ，その実現に向けた模索が進んでいる。しかし，2022年９月に採択された総括所見は日本の関係施策が不十分であることを懸念し，抜本的な変革を求めているのである。

3. 日本の強制入院制度

障害者権利委員会の総括所見が日本の課題の１つに据える精神科病院の問題は，上述した「地域生活選択権」（第19条）のみならず，生命に対する権利（第10条），身体の自由（第14条），残虐で非人道的な処遇等からの自由（第15条），健康（第25条）などとも関連する。

総括所見は，たとえば「[精神科病院での死亡に関する] 統計の欠如及び独立した調査の欠如」，「精神科病院における苦情及び申立ての仕組みの欠如」，「精神科病院への非自発的入院及び非自発的治療を認める法令」，「精神科医療の一般医療からの分離」などを懸念し，日本に改善を求めている（[　] は引用者による）。

以下においては，この非自発的入院（強制入院）に着目する。第19条の求める地域社会での自立生活の対極の一つにあるのが，強制入院だからである。

Nさんの例

強制入院に関する事例をここで1つ取り上げたい。2017年に強制入院をさせられたNさんという方がいる。Nさんは，東京在住である。統合失調症で15年間通院していた。2017年7月19日，Nさんは焼き肉屋でソフトドリンクを盗もうとした。店員がその行動に気づき警察を呼んだ。警察がかけつけて，Nさんは窃盗未遂で現行犯逮捕となり，警察署に連行された。Nさんは，警察署からヘリコプターで東京都立松沢病院に送致され，東京都知事の措置により強制入院することになった（A/HRC/WGAD/2018/8）。

なお，強制入院にいう「強制」とは，たとえ本人の意思に反しても，他人が本人に何かをさせることをいう。強制は本人の意思など関係ない。強制は自発的（任意）でないことを意味するので，「非自発的」ともいわれる。自発的入院（任意入院）は非自発的入院（強制入院）の対義語である。

精神保健福祉法

精神障害者の任意入院と強制入院を定めているのが，精神保健及び精神障害者福祉に関する法律（以下，精神保健福祉法）である。

任意入院は，入院を必要としていて，本人自らが入院に同意する精神障害者を対象とする入院である。任意入院には精神保健指定医の診察は必要ない（精神保健福祉法第20条）。

強制入院は２つに分けられる。措置入院と医療保護入院だ。

措置入院は，入院させなければ精神障害のせいで自傷他害（自分を傷つけるか，他人に危害を加えること）のおそれがある，精神障害者を対象とする入院である（同法第29条）。２名以上の精神保健指定医の診察結果が一致した場合に，都道府県知事の権限（措置）によって措置入院となる。なお，急速な入院の必要性がある場合は，精神保健指定医１名の診察により72時間以内に限り緊急措置入院が可能である（同法第29条の２）。

医療保護入院は，自傷他害のおそれはないが，任意入院を行う状態になく，医療及び保護のために入院の必要がある，精神障害者を対象とする入院である。精神保健指定医１名の診察と家族等の同意があれば，医療保護入院となる（同法第33条）（ただし，2022年12月10日の法改正により，家族等が同意・不同意の意思表示を行わない場合には，市町村長の同意で医療保護入院を行うことが可能となった）。なお，急速を要し，家族等の同意を得ることができない場合は，精神保健指定医１名の診察により72時間以内に限り応急入院が可能である（同法第33条の７）。

以上の措置入院と医療保護入院は精神障害者本人の意思によらない入院である。ただし，これらの入院は，精神障害のみを理由とする強制入院ではない。このことは，国連の障害者権利委員会に対する日本政府の報告も次のように記している（下線部は引用者による）。

「精神保健福祉法には，入院措置（精神保健福祉法第29条）や医療保護入院（同法第33条第１項及び第２項）等，精神障害者について本人の意思によらない入院制度を定めている。この法律に定める入院制度は，精神障害者であることのみを理由として適用されるわけではなく，精神障害のために自傷他害のおそれ（a danger to him/herself or others due to said disability）がある場合又は自傷他害のおそれはないが医療及び保護が必要な場合であって，入院の必要性について本人が適切な判断をすることができない状態にある場合に適用されるものである。」

では，措置入院者や医療保護入院者は，日本全国でどのくらいの人数に上るのだろうか。2021年６月30日時点で，全国の医療機関を対象に入院形態別患者数を調査した結果（**表13-１**）を見ると，入院患者約26万人の約半数を占めるのが医療保護入院の人数だ(約13万人)。その約１％が措置入院の人数（1,541人）である。

表13-１：入院形態別患者数：国立精神・神経医療研究センター 精神保健福祉資料（令和３年度630調査）より筆者作成。

任意入院	措置入院*	医療保護入院	その他の入院**	不明	総数
129,139	1,541	130,940	901	486	263,007

*「措置入院」には緊急措置入院を含む。
**「その他の入院」には応急入院，鑑定入院，医療観察法による入院を含む。

開かずの扉

上記のＮさんの入院は措置入院であった。東京都知事の措置によるものだ。その後，医療保護入院に切り替わった。

2017年８月24日，Ｎさんは退院の請求を行ったが，認められなかった。精神保健福祉法第38条の４は，精神科病院に入院中の者又はその家族等は都道府県知事に対して退院を求めることができる，と規定する。だが，実際に退院できる人はきわめて少ない。

たとえば東京都の精神医療審査会が2020年度の退院請求審査211件のうち退院を認めたのは２件のみ（約１％）であった。退院を認めなかったのは110件，保留／再審査が１件，取り下げ等が98件であった（東京都福祉保健局・東京都立中部総合精神保健福祉センターHP）。

Ｎさんと同様に医療保護入院をした人にＹさんがいる。Ｙさんは2016年２月に多摩病院（東京都八王子市）に入院した。退院請求をしたが認められず，入院生活は約４年間に及んだ。これを報じた東洋経済Onlineによれば，精神科病院は「もはや『開かずの扉』となっている」。

先に見たとおり，総括所見は「あらゆる期限の定めのない入院を終わらせる」よう日本に要請している。この総括所見の採択から約３か月が経った2022年12月10日の精神保健福祉法改正によって，医療保護入院の期間は法定化されて，６ヶ月以内で厚生労働省令が定める期間となった。また，この法改正により，精神科病院において一定期間ごとに入院の要件を確認し，入院の要件を満たす場合には入院期間を更新できることになった。この法改正によって「開かずの扉」が実際に開くことになるか，が（疑念を抱かれつつも）注視されている。

4．強制入院の廃止の是非

国連恣意的拘禁作業部会

Ｎさんの事案は国連恣意的拘禁作業部会（以下，作業部会）に通報された。作業部会は恣意的拘禁の事案調査を任務とする。通報事案ごとに恣意的拘禁に該当するかどうかを判断し，意見書（opinion）を採択する。この意見書は，国連としての見解ではなく，国家に対して法的拘束力を有するものでもない。

作業部会は，Ｎさんが東京都立松沢病院に強制入院となった際に，２

人以上の指定医による診断がなかったことなどから，Nさんの強制入院は精神保健福祉法第29条の規定を無視したものだと判断した。また，Nさんは，病院を退院したかったにもかかわらず，退院できなかったので，Nさんの強制入院は自由の剥奪に当たるとした。このため，作業部会は，本件は国際人権法に違反するとの意見書を採択した（A/HRC/WGAD/2018/8）。

国連障害者権利委員会

上記の作業部会は，精神保健福祉法所定の強制入院そのものが国際人権法に違反するかどうかの判断は回避した。これに対して，障害者権利条約の下に設けられた国連の障害者権利委員会は，障害者に対する強制入院そのものを障害者権利条約第14条（身体の自由）の違反と判断し，踏み込んだ姿勢を従来示してきた。すなわち，障害者権利委員会は，自傷他害のおそれ（dangerous to themselves and to others）に基づく拘禁も，治療の必要性に基づく拘禁も，その他障害関連理由に基づく拘禁も，第14条に違反する差別であり，恣意的な自由剥奪にあたる，と判断してきた。

2022年９月２日に障害者権利委員会が採択した日本に対する総括所見も，障害者に対する強制入院は障害者差別にあたる，と断じた。すなわち，対日総括所見は，

> 「精神保健及び精神障害者福祉に関する法律（精神保健福祉法—引用者）により規定されている障害者の主観的又は客観的な障害又は危険性（actual or perceived impairments or dangerousness）に基づく，障害者の精神科病院への非自発的入院及び非自発的治療を認める法令」

などを懸念し，

「障害者の非自発的入院は，自由の剥奪となる，機能障害を理由とする差別であり，自由の剥奪に相当するものと認識し，主観的又は客観的な障害又は危険性に基づく障害者の非自発的入院による自由の剥奪を認める全ての法規定を廃止すること」

などを日本に求めた（下線部とカッコ内の英語は引用者による）。

日本政府

総括所見を受けて加藤勝信厚生労働大臣は2022年９月16日の会見で，次のように述べた。

「９月９日に総括所見が出されたところであります。

我が省に関連する事項としては，今の質問の中にもありましたが，精神障害者に対する非自発的入院の見直し，障害者の地域社会での自立した生活の推進など，多岐にわたる事項が含まれていると思います。

この総括所見はご承知のとおり法的拘束力を有するものではありませんが，障害者の希望に応じた地域生活の実現，また一層の権利擁護の確保に向けて，今回の総括所見の趣旨も踏まえながら，関係省庁とも連携して，引き続き取り組んでいきたいと考えております。」

こう述べた加藤大臣は，尾上浩二が指摘するように，「総括所見をあからさまに否定することは避けたが，これまでの政策の枠組みの範囲内で対応する方針をにじませた」と言える。

この点，日本政府は，精神保健福祉法に定める強制入院は障害者権利条約に違反しない，という立場を従来とってきた。すなわち，日本政府は障害者権利条約第14条１項（b）を「自由剥奪は障害の存在のみによって正当化されない」旨を定めた規定だと解し，精神保健福祉法等所定の強制入院は「精神障害の存在のみを理由として行われるものではな」く，法律の要件と手続に沿って行われるため本条項に違反しない，と理解してきた（内閣参質196第63号，2018年４月17日）。

対立する立場

上記のように一定の条件下では障害者に対する強制入院は許容されるという日本政府の立場は，欧州人権裁判所の立場と親和的である。

欧州人権裁判所は，ウィンターウェルプ判決（1979年）から今日に至るまで，欧州人権条約５条１項（e）の下で，①精神障害の確実な証明，②強制拘禁を正当化する種類・程度の精神障害，③精神障害の継続性という３つを条件として，特定の精神障害者（欧州人権条約の英語正文では“persons of unsound mind”と呼ばれる者）については強制拘禁を許容する立場をとっている（川島 2020）。

ちなみに，自由権規約の条約体（自由権規約委員会）が2022年10月28日に採択した日本への総括所見も，「最後の手段」としてであれば強制入院を認めている。

日本政府，欧州人権裁判所，自由権規約委員会と比べると，強制入院の廃止を求める障害者権利委員会はラディカルな立場である。だが，障害者権利条約の時代に生きる私たちは，この条約の下に設けられた障害者権利委員会の総括所見を，たんにラディカルだとか理想主義的過ぎるなどと一面的に批判して無視するわけにはいかない。障害者権利委員会が障害者権利条約によって報告制度の運用権限を委ねられた機関である以上，その条約解釈には「相応の権威」が認められるべきだからである（申 2016）。日本は総括所見に真摯に向き合って，適切に対応していく必要がある。

新たな展開

総括所見の採択から約３か月が経った2022年12月10日に，精神保健福祉法改正案を含む「障害者の日常生活及び社会生活を総合的に支援するための法律等の一部を改正する法律案」が成立した。この精神保健福祉法の改正には，上記のとおり，医療保護入院に関して家族等が同意・不同意をしない場合の市町村長の同意規定や，医療保護入院の期間限定・更新規定などが含まれた。

もっとも，このような精神保健福祉法の改正に対しては批判もある。たとえば，衆議院厚生労働委員会（2022年11月16日）で，「現在の法改正案では残念ながら，強制入院をなくしていくべきであるとする障害者権利委員会の要請には全く届きません」という指摘が池原毅和弁護士からなされている。

さらに，このような国の動向のほかにも，ここで指摘しておくべき新たな展開が見られる。日本弁護士連合会が採択した「精神障害のある人の尊厳の確立を求める決議」（第63回人権擁護大会，2021年10月15日）は，総括所見の採択の約１年前のものであるが，総括所見の実現という観点から興味深い内容となっているのである。本章の最後に，この決議の内容を簡潔に紹介しておこう。

まず，この決議は，「全ての人の尊厳は守られなければならない」という言葉から始まる。そして，「数十年もの長期にわたり地域で暮らすことなく精神科病院で一生を終える人」がいることに言及し，長期間の入院隔離が「あらゆる場面において，人生選択の機会を奪い，人生の発展可能性を損なう」とする。つまり，長期入院は自立（自律できる状態，自己選択できる状態，自己決定できる状態）を阻害するということだ。

また，この決議は，精神保健福祉法が，精神障害者のみを対象に精神障害を理由に強制入院の制度を設けたことを問題視し，「精神障害のある人だけを対象とした強制入院制度」の廃止を求める。ただし，精神障害者に限定されず全ての人に適用される「緊急法理」による入院は，廃止の対象から外されて許容される。

この決議は，あらゆる強制入院を直ちに廃止するよう求めるものではない。そうではなくて，この決議は，「精神障害のある人だけを対象とし，緊急法理を超えて，本人の意思に基づかない入院を許す精神保健福祉法による強制入院制度を廃止し，廃止に向けたロードマップ（基本計画）を作成し，実行する法制度を創設すること」を求める。

以上がこの決議の概要である。従来，一定の条件の下では，障害者に対する強制入院はしかたのないものだという見解が「常識」であった。この見解は，日本のみならず欧州においても，今日なお「常識」であり続けている。精神障害者の強制入院の廃止論をめぐっては，「例外的に強制入院が必要な場面もあるのではないか」，「強制入院の廃止は抽象的な理念であり，具体的な現実を見据えれば廃止は不可能だ」，「強制入院の手続・審査をより厳密にすべきだが，強制入院の廃止は極端だ」，という主張も見られる。

だが，時代は変わりつつある。従来の「常識」の見直しを求める障害者権利委員会の総括所見を，私たちはどのように受け止め，現状を変革できるか。それが問われている。日本弁護士連合会の上記決議の行く末が注目される。

学習課題

・障害者を対象とする強制入院制度（特別制度）の廃止の是非を検討し，自分の主張をその根拠を示しながら展開してみよう。

参考文献

・尾上浩二．(2023)．「緊急課題になった脱施設」賃金と社会保障1817・1818号，35-41.
・加藤大臣会見概要（令和４年９月16日（金）13：45〜14：10省内会見室）https://www.mhlw.go.jp/stf/kaiken/daijin/0000194708_00481.html
・川島聡．(2020)．「精神障害者への適切な治療を妨げた強制拘禁時の言語的障壁と非人道的または品位を傷つける取扱いの禁止・自由剥奪の禁止―ローマン判決」人権判例法１号，108-114.
・国立精神・神経医療研究センター・精神保健福祉資料（令和３年度630調査）https://www.ncnp.go.jp/nimh/seisaku/data/（2023年３月18日閲覧）
・衆議院厚生労働委員会（2022年11月16日）（Nth国会https://www.youtube.com/watch?v=0MrkqWWuDKY&list=PLb1XJuAAuA6VQUcckP5abFve9fCV5TcWo&index=6）
・申惠丰．(2016)．『国際人権法―国際基準のダイナミズムと国内法との協調（第２版)』信山社.
・東京都福祉保健局・東京都立中部総合精神保健福祉センターHP https://www.fukushihoken.metro.tokyo.lg.jp/chusou/seishiniryoshinsa/shinsakai.html（2023年３月18日閲覧）
・東洋経済Online「精神病院から出られない医療保護入院の深い闇」https://toyokeizai.net/articles/-/331577?page=4（2023年３月18日閲覧）
・中西正司・上野千鶴子．(2003)．『当事者主権』岩波書店.
・A/HRC/WGAD/2018/8, Opinion No. 8/2018 concerning Mr. N（whose name is known by the Working Group）(Japan)（藤田大智訳https://acppd.org/wp-content/uploads/2018/06/314680d70d9e7c4958530362a0275111.pdf）

14　制度を支える思想

川島　聡

《目標＆ポイント》 本章では，障害者に関する制度（慣習，法律）を支える思想を考える。まず，旧優生保護法訴訟を取り上げて，障害者に関する制度を従来支えた優生思想などを紹介する。優生思想が社会から消えたとはいえないが，今日少しずつ人権思想が制度を支えるようになってきている。人権思想を支える原則は，人間の尊厳，個人の自律（自立），社会への包摂（参加），平等（差別禁止），である。本章の最後に自律と包摂との関係に言及し，第15章につなげる。

《キーワード》 旧優生保護法訴訟，人権思想，尊厳，自律，自立，包摂，平等

1．旧優生保護法訴訟

北三郎さんの訴え

旧優生保護法（1948年制定）は，「優生上の見地から不良な子孫の出生を防止するとともに，母性の生命健康を保護することを目的」（第１条）に掲げた。そして，旧優生保護法は，遺伝性の精神病質や身体疾患などを有する者（以下，特定障害者）に対する優生手術等を認めた。つまり，旧優生保護法は，人間を「不良」か否かに区別し，「不良」に該当する子孫を絶やそうとした。

旧優生保護法は1996年に改正され，母体保護法となった。それから20年以上が経ち，旧優生保護法の下で優生手術を強制された女性が，2018

年１月30日に全国で初めて国に対する損害賠償請求訴訟を提起し，その後，優生手術の被害者らが国を相手に損害賠償を求める動きが続いた。

原告の北三郎さん（仮名）は被害者の一人である。実のところ，彼は医学的には特定障害者ではなかった。しかし，県の優生保護審査会は北さんへの優生手術は適当であると（誤って）判断した。そして，北さんは1957年（当時14歳のとき）に旧優生保護法の下でなんら説明を受けずに無断で優生手術を受けた。これは憲法違反だとして，北さんは3000万円の賠償を国に求めた。もっとも，東京地裁は損害賠償を請求する権利はすでに消滅しているとして北さんの訴えを退けた（東京地判令和２年６月30日判時2554号35頁）。

東京地裁判決

ただし，以下に引用したように，東京地裁は，原告の北さんに施された優生手術は「正当化の余地のない違法な行為」であり日本国憲法第13条に違反する，との判断も示していた。

> 「憲法13条は，国民の私生活上の自由が公権力の行使に対して保護されるべきことを規定しているものであり，実子をもつかどうかについて意思決定をすることは，当然，同条により保護されるべき私生活上の自由に当たるものと解される。これを，原告が主張する『リプロダクティヴ・ライツ』ないしそれに包摂される概念というかどうかはともかく，本件優生手術は，少なくともこのように憲法で保護された原告の自由を侵害するものといえる。」（下線は引用者による。）

このように東京地裁が，北さんへの優生手術は「実子をもつかどうかについて意思決定をする」という「私生活上の自由」(憲法第13条, **表14-1**)を侵害する, と説示したこと自体は評価できる。もっとも, 東京地裁は旧優生保護法それ自体の違憲性について言及せず, 憲法第14条1項(**表14-2**)の違反も認めず, 優生手術が障害者差別であると認定しなかった。

表14-1　憲法第13条

すべて国民は, 個人として尊重される。生命, 自由及び幸福追求に対する国民の権利については, 公共の福祉に反しない限り, 立法その他の国政の上で, 最大の尊重を必要とする。

表14-2　憲法第14条1項

すべて国民は, 法の下に平等であつて, 人種, 信条, 性別, 社会的身分又は門地により, 政治的, 経済的又は社会的関係において, 差別されない。

東京高裁判決

北さんは控訴した。東京高裁は, **表14-3**に一部引用した判決にあるように, 旧優生保護法の優生条項は「その立法目的が差別的思想に基づくもの」で正当性を欠き, 目的達成の手段は「極めて非人道的なもの」だとした。そして, 東京高裁は, 旧優生保護法の優生条項と, 優生条項に基づく北さんへの優生手術のどちらも, 憲法第14条1項及び第13条に違反するとして, 国に1500万円の賠償を命じた(東京高判令和4年3月11日判時2554号12頁)。

表14-3　東京高裁令和4年3月11日判決（一部抜粋）

（2）優生保護法の優生条項の違憲性について

ア　優生保護法の優生条項は，「優生上の見地から不良な子孫の出生を防止する」ことを目的とする旨を明言し（1条），その目的達成のために行う不妊手術を「優生手術」と称して，これを行う要件，手続等を定めていたものである。すなわち，特定の障害又は疾患を有する者が子をもうけると「不良な子孫の出生」につながる（その前提に，上記の者が「不良」な存在であるとする差別的思想がある。）として，これを防止するために，その者の身体に強度の侵襲を伴う不妊手術を行い，その生殖機能を回復不可能な状態にさせるものであり，その立法目的が差別的思想に基づくものであって正当性を欠く上，目的達成の手段も極めて非人道的なものである。

イ　（略）

ウ　特定の障害又は疾病を有することは憲法14条1項後段の列挙事由に含まれないが，同規定によって保護されるものと解される。優生保護法の優生条項は，優生思想に基づき，特定の疾病又は障害を有する者に対し，そのことを理由として優生手術を行う対象者として選定し，実施する旨を規定するものであり，不合理な差別的取扱いを定めるものであって，法の下の平等に反し，憲法14条1項に違反することは明らかである。

また，優生保護法の優生条項のうち，4条による優生手術及び12条による優生手術に係る部分は，本人及びその配偶者の同意を要しないものであり，子をもうけるか否かについて意思決定をする自由を一方的に奪い，その意に反して身体に対する侵襲を受けさせるものであるから，憲法13条に違反することは明らかである。

エ　（略）

（3）　本件優生手術の違憲性・違法性について

ア　上記（2）のとおり，優生保護法の優生条項は違憲であると認められるところ，認定事実（10）イ（ア）のとおり，控訴人が本件優生手術を受けたことが認められ，本件優生手術時，控訴人は未成年者であり，これが控訴人の同意によるもの（優生保護法3条の定める「医師の認定による優生手術」）でないことは明らかであるから，本件優生手術が優生条項に基づくものであり，憲法13条，14条1項で保障される人権を侵害するものであることが認められる。

東京高裁は「身体に対する侵襲」に言及する。これは，心身のインテグリティ（integrity）の侵害あるいは人間に本来的に備わっている客観的価値たる尊厳（dignity）の侵害を意味する，と解することもできる。また，東京高裁は「子をもうけるか否かについて意思決定をする自由」の侵害に言及する。これは自律（自己決定，自己選択）の侵害を意味する。さらに，東京高裁は「法の下の平等」に反する「不合理な差別的取扱い」にも言及する。加えて，東京高裁は「不良な子孫の出生を防止する」という立法目的が正当性を欠くとしているが，この立法目的は差別的思想であると同時に排除（排斥，排他）的思想だと言える。

本件では，以上のように尊厳，自律，包摂，平等それぞれの侵害が問題となる。尊厳，自律，包摂，平等は，いずれも人権思想を支える原則に含まれる。以下では節を改めて，これらの原則についてもう少し詳しく見てみよう。

2. 人権思想を支える原則

市野川（1999）は，「近代の個人主義は，すべての人間に自由を与えてきたわけではない。自立能力をもつ者だけが自由を享受してきたのであって，この能力を欠いているとされた人間に対しては，まさにそのことを根拠として，様々な抑圧や暴力が正当化されてきた」という。

自立能力を欠くとされた障害者は，優生思想，パレンス・パトリエ思想（パターナリズム），社会防衛思想（ポリスパワー思想），エイブリズム（健常者主義）などを背景に社会から排除されてきた。そして，障害者は，社会の支配的規範に適応できない「問題を抱えた者」（劣った存在，能力を欠く存在，危険な存在，哀れな存在）とされてきた。

北さんは優生手術によって人生を台無しにされた。北さんは14歳のとき（1957年）に説明なく優生手術を受けた。先輩から「子どもができなくなる手術」と言われ，北さんは事実を知った。差別や偏見をおそれて毎日を過ごした。北さんは事実を妻の死の直前になるまで妻に打ち明けられなかった。北さんは手術から60年以上が経ってようやく旧優生保護法訴訟を提起できた。このこと自体が，優生思想，旧優生保護法の根深さと深刻さを示している。

優生思想，パターナリズム，社会防衛思想は，ときに相互に関連しあって優生政策や隔離政策を支えてきた。これらを否定しようとするのが人権思想である。もとより，優生思想，パターナリズム，社会防衛思想は社会から消えてはいないが，今日では障害者権利条約の成立によって，それらに対抗する人権思想が以前より強くなってきている。

尊厳

人権思想を支える原則の１つが尊厳である。オスカー・シャクター（Schachter 1983）によれば，「尊厳」（dignity）の語源は，「価値」（worth）とも訳されるラテン語の“dignitas”だ。また，「尊厳」のひとつの語彙的意味は「本来的に備わっている価値」（intrinsic worth）である。とすると，国連憲章や障害者権利条約に含まれている「人間の尊厳及び価値（dignity and worth）」という表現は，２つの類義語を併記したものだと理解できる。

尊厳（dignity）の概念には，さまざまなものがある。２つに大別すると，自律基底的な尊厳の理解と，客観的価値としての尊厳の理解に分けられる。

自律基底的な尊厳は，人間は自律（自己決定）できるから尊厳がある，と理解する。この理解では，わざわざ尊厳という独自の概念を用いる必要がなくなる。尊厳は自律に依存するため，自律の概念を用いれば十分となる。そのため，本書では，そのような自律基底的な尊厳の理解をとらず，自律（自己決定）によっても侵されてはならない客観的価値（樋口 1994）として，人間の尊厳を理解する。

この意味での尊厳は，どのような者も無条件にもっている人間に本来的に備わっている客観的価値を意味する。ジェラルド・クインとテレジア・デゲナー（Quinn and Degener 2002）が言うように，「人間の尊厳は人権の根幹をなす規範」であり,「取るに足らない人などいない」のだ。

この意味での尊厳の概念と対立するのが，優生思想である。優生思想は，優良な者の遺伝子を保護し，劣った者の遺伝子を排除して，後世に優秀な人類を遺そうという思想である。それを具体化した法が旧優生保護法である。優生思想は人間の多様性を否定するが，尊厳は人間の多様性を肯定し，尊重する。

人間の尊厳は，心身のインテグリティ（integrity）とも密接に関連する。心身のインテグリティの保護は，心身がそのままの状態で価値あるものとして保護されることや，心身が傷つけられないように保護されること，身体の不可侵性が保護されることを意味する。つまり，心身のインテグリティの保護は，心身への不当な介入（強制不妊手術，人体実験，強制治療，拷問，存在の否定や抹殺など）の禁止を意味し，まさしく人間存在の客観的価値（尊厳）を守るのである。

ところで，日本政府は障害者権利条約に署名した際に，この条約の仮訳を公表した（2007年）。しかし，この仮訳には誤訳や不適切な訳が散見された。その１つが第17条の“integrity”の訳語だ。日本政府は“integrity”に「健全」という訳語を与えたのである。

第17条の文脈で「健全」という訳語を用いることは見当違いではないか。第17条は障害者の心身が「健全」であることを保護する，ということから何をイメージできるだろうか。障害者の心身の「健全さ」という意味で“integrity”を訳していいのだろうか。結果的には，最終的な公定訳文（2014年）では「そのままの状態」という訳語となった（**表14-４**）。

表14-４　“Integrity”の訳

第17条の英語正文	2007年政府仮訳	2014年政府公定訳文
Protecting the integrity of the person	個人が健全であることの保護	個人をそのままの状態で保護すること
a right to respect for his or her physical and mental integrity	その心身が健全であることを尊重される権利	その心身がそのままの状態で尊重される権利

自律（自立）

障害者権利条約３条は,「個人の自律（individual autonomy）」が「自ら選択を行う自由を含む」ものである，と定める。つまり，この条約にあっては，自律の概念は個人の自己決定や自己選択の自由を念頭に置いたものだと言える。本書でも,このような意味で自律の概念を理解する。

注意したいのが，障害者権利条約では自律と自立とが重なり合う関係にある,ということだ。第19条の見出しは「自立した生活」に言及する。「自立した生活」は，英語正文の“living independently”の訳語である。

しかし，フランス語正文を見ると，第19条の見出しは“autonomie de vie”となっている。これを訳すと「生活の自律」となる。つまり，英語正文の「自立した生活」には，フランス語正文の「生活の自律」が対応する。

日本政府の公定訳文は，英語正文に依拠して「自立した生活」という訳語を用いる。しかし，フランス語正文に依拠すれば,「生活の自律」となる。ここでは「自立」と「自律（自己決定，自己選択）」とが同じ意味となっている。

なぜ，このようなことがおこるのか。それは，障害者権利条約第19条にいう「自立」の概念が，自立生活運動にいう「自立」の概念と重なり合うからである。自立生活運動のいう「自立生活」は「生活の自律」を意味する。

すなわち「自立生活」とは，障害者が施設や家族からの管理や支配から離れて，必要な支援を受けて自分で生活を管理し，自律（自己決定）して生活することを意味する（**第13章**）。デヨング（DeJong 1983）は，「人の手を借りて15分で着替えを終え仕事に行く者は，着替えるのに2時間かかり家にいる者よりも自立している」という。

自立生活運動は,他者の支援がない状態を「自立」と呼んでいない。「自立」は，職業生活経済面や日常生活動作面で他者から助力を得ない状態を指しているわけではないのである。「自立」とは，必要に応じて他者から支援を受けながら自律できる状態だと言えよう。

本書でも，「自立」は，文脈に応じて，自律（自己選択，自己決定）を意味する言葉，あるいは自律と重なり合う言葉として用いるが，より具体的に言うと，他者に従属せず，他者から管理・支配されないという点で独立しつつも，必要があれば他者から支援を受けながら自律できる状態（自己選択できる状態，自己決定できる状態）を意味する言葉として用いている。「自立」のためには支援が必要である。よりよい支援があれば，よりよい自立が可能となる（よりよく自律（選択，決定）できる状態になりうる）。障害者がわずかな支援しか得られなければ，障害者の自律（選択，決定）はままならない。偏った情報しかなかったり選択肢が１つしかなかったりすれば，実際，障害者は自律（選択，決定）できる状態にあるとはいえない。

換言すると，**第１章**で述べたように，「依存先」が質量ともに充実していれば，よりよい「自立」が可能となる。「依存先」が１つであれば，選択肢の幅がなくなり，特定の他者から管理や支配がなされやすくなるからだ。「依存先」が少ない状況においては，選択肢の幅が狭く，他者からの管理や支配の可能性が高くなるため，よりよい「自立」が難しくなる。

包摂（参加）

障害者権利条約の2007年政府仮訳は，第３条（c）に関して（も）誤訳があった。第３条は“Full and effective participation and inclusion in society”と定める。2007年政府仮訳では，「完全かつ効果的な」（Full and effective）という文言が「参加」のみを修飾していた。これは誤訳である。正しく訳せば，「完全かつ効果的な」という文言は「参加及び包容」を修飾しなければならない。

表14-５　障害者権利第３条（c）の英仏正文と邦訳

英語正文	Full and effective participation and inclusion in society
フランス語正文	La participation et l'intégration pleines et effectives à la société
2007年政府仮訳	社会に完全かつ効果的に参加し，及び社会に受け入れられること
2014年公定訳文	社会への完全かつ効果的な参加及び包容

2007年政府仮訳の誤りは，2014年公定訳文では修正されている（**表14-５**）。ただし，“inclusion（intégration）”をどのように訳すべきかという問題はなお残されている。2014年公定訳文は「包容」という訳語を用いているが，カタカナで「インクルージョン」と訳してもよいだろう。本書では「包摂」という訳語を用いるとともに，文脈によっては，「インクルージョン」や「包容」という訳語も用いる。

社会包摂（社会包容，ソーシャル・インクルージョン）を裏から言えば社会参加である。障害者が社会に参加することは，社会が障害者を包摂することを意味する。参加にしても包容にしても重要であるのが，障害者が障害をもったまま社会に包摂される（参加する）ことであり，そのためには障害者の差異が尊重され適切に配慮されることが必要である。このことが社会包摂（社会参加）の概念の含意である。

社会包摂と対立するのが，先にみた優生思想であり，これは社会から障害者を排除（排斥）する思想である。優生思想は，人間の多様性を否定し，人間の差異を尊重せず，不適切に取り扱う。これに対して，障害者の社会への包摂（社会包摂）は人間の多様性に裏付けられており，人間の差異を尊重し，適切に配慮する。

社会包摂と似て非なる概念が，「同化としての社会統合」（social integration as assimilation）である。社会包摂の考えによれば，差異の程度が非常に大きい各障害者が社会に参加するためには，各障害者の差異が適切に配慮されなければならない。これに対して，「同化としての社会統合」の考えは，障害者個々人の差異を配慮せず，障害者を社会に適合（同化）させようとする。これでは，障害者は社会に配置されているだけである。

教育分野に関して言うと，「インクルーシブ教育」と似て非なるものが，「同化としての統合教育」（integrated education as assimilation）である。「インクルーシブ教育」は，問題の所在を教育制度のあり方に見いだし，障害児を含めた全ての子どもの多様なニーズに適合できるように一般教育制度を変革しようとする。これに対して，「同化としての統合教育」は問題の所在を子どもに見いだし，障害のある子どもを既存の一般教育制度に適合させようとする。これは「健常者主義」（**第8章**）ということもできる。つまり，障害者は，「健常者」のようにならない限り，つまり障害を克服しない限り，一般教育制度に包摂されないのである。

平等（差別禁止）

障害者差別の禁止と解消は，今日の障害法制度を特徴づける。日本では，実務もアカデミズムも，障害者差別解消法への関心を近年ますます高めている。

障害者は，障害への敵意，偏見，思い込み，無知などを理由に差別を受けることがある。差別は，障害者の人間としての尊厳を害する。差別は，障害者の自由な選択を妨げるため，自律・自立も害する。そして差別は，障害者を社会の主流から排除するため，社会包摂（ソーシャル・インクルージョン）を妨げる。

このように尊厳，自律，包摂といった価値を毀損しうる差別は，たとえば旧優生保護法や欠格条項として具体化されている。また，**第13章**でみた強制入院の法制度も，尊厳，自律，包摂といった価値を損なう差別の問題を生じさせうる。分離教育も差別の問題だと言える。障害者差別は長い年月をかけて日本の法律や慣習に埋め込まれてしまっている。

障害者は構造的な差別を歴史的に受けてきたマイノリティ・グループであるということができる。そして，障害差別は，物理面，情報面，制度面その他のバリア（社会的障壁）の問題と関連する。そこで，障害者差別解消法は，不当な差別的取扱いを禁止するのみならず，バリアを除去するための合理的配慮を義務づける。それと同時に，障害者差別解消法は，事前的改善措置（環境の整備）の努力義務を課して，社会の主流に位置する一般制度（一般就労，通常学級，地域生活など）の中にあるバリアを取り除こうとする（**第9章**）。

だが，このような差別禁止アプローチには限界がある。差別禁止アプローチの下では，基本的には，通学や通勤の支援は十分にカバーされず，身体介助や食事介助などのパーソナル（私的，個人的）な支援もカバーされない。また，障害者が職務等の本質部分を満たせないことによる不利益や，障害者が障害関連のサービスにかかる費用を払えないことによる不利益なども，差別禁止アプローチの下では解消されない。

そのため，もう1つのアプローチである社会福祉アプローチが必要となる。差別禁止アプローチと社会福祉アプローチとは，障害者の不利益を解消するための相互補完的な方法であり，この相補性は近年の障害法制度で重視されている（川島 2017）。

ただし，注意しなければならないのは，社会福祉アプローチは，旧来型から今日型への転換期に現在差し掛かっているということである。旧来型の社会福祉（古典的な社会福祉）アプローチは，障害者の尊厳，自律,包摂,平等が害される原因を障害者自身に求めてきた（医学モデル）。そして，旧来型の社会福祉アプローチは，障害者を劣った存在として捉えて治療や更生や保護の客体に据えた（保護モデル）。つまり，かつての社会福祉アプローチ（に立脚した障害法制度）は，保護モデルと医学モデルとに彩られていた。

これに対して，障害者権利条約が求める今日型の社会福祉アプローチは，障害者を劣った存在として捉えず人権の主体に据え（人権モデル），障害者の尊厳，自律，包摂，平等が害される原因として，社会的障壁の問題性を強調する（社会モデル）。すなわち,今日型の社会福祉アプローチは，人権モデルと社会モデルとに彩られている。

今日型の社会福祉アプローチは，社会的有用性や経済的生産性を問わず，障害者が生得的な自己価値を有し，その存在と生存が無条件に肯定される，と考える。貢献原則や互恵性（reciprocity）は，障害者の存在と生存の前提条件にはならない。つまり，今日型の社会福祉アプローチは人間の尊厳に立脚している。

と同時に，今日型の社会福祉アプローチは自律と包摂にも立脚している。たとえば，障害者が職務（事柄）の本質部分を遂行できず，稼得能力を欠く場合（すなわち，差別禁止アプローチによって解消される障害差別が存在しない場合）がある。この場合に，今日型の社会福祉アプローチは，障害者が地域社会に包摂されて自立生活（living independently; autonomie de vie）を送るのに必要な支援を受けることを国家に求める。また，今日型の社会福祉アプローチは，障害者への支援に伴うパターナリズムに抗うという意味でも，障害者の自律が尊重されることを国家に求める。

3. 自律と包摂との関係

人権思想を実定法化したのが，障害者権利条約である。この条約は，前節でみた人権思想を支える原則（尊厳，自律，包摂，平等）を，この条約の一般原則（general principles）に据える（第３条）。

国連障害者権利委員会が2022年９月に採択した対日総括所見は，分離した特別教育の廃止，通常の学校への通学保障，施設収容の廃止，代理代行決定制度の廃止，福祉的就労から一般就労への移行の迅速化などを日本に対して勧告している。これらの事柄はいずれも，人間の尊厳，個人の自律（自立），社会への包摂（参加），平等（差別禁止）が関わってくる。

ここでは，自律と包摂との関係に着目したい。たとえば，障害者権利条約第24条（教育）に関して言うと，障害児が通常の学校を選択するという自律が実現することにより，通常の学校が障害児を包み込むという包摂が果たされる。また，第12条（法的能力）に関して言えば，障害者権利委員会は障害者の自律を強調し，代行決定から意思決定支援への転換を国家に求めることによって，法的能力に関する一般制度の中に障害者を包摂しようとする。

このように自律と包摂とは密接に関連する。第19条の題名は「自立した生活（生活の自律）と地域包摂」とされているが，この題名は，障害者が地域で生活する文脈において自律と包摂とが密接な関係にあることを象徴する。

もっとも，自律と包摂との相克と言えるような状況もある。障害者が特別支援学校や福祉的就労のような分離した特別制度をみずから選択するという意味での自律は，障害者が通常の学校や一般就労のような一般制度に包摂されることを妨げる（ジレンマ）。実際，特別支援学校や福祉的就労を選択する当事者の数は少なくない。次章では，この相克ないしジレンマの問題を考えながら，「万人のための社会」を構想する。

学習課題

・尊厳と自律（自己決定，自己選択）との関係を，具体例を挙げて考えてみよう。

参考文献

・市野川容孝．(1999)．「優生思想の系譜」石川准・長瀬修編『障害学への招待 —— 社会，文化，ディスアビリティ』明石書店．
・川島聡．(2017)．「転換期の障害法」障害法１号，77-95．
・———．(2011)．「障害者権利条約と『既存の人権』」発達障害研究32巻５号，4-15．
・障害者権利条約日本政府仮訳（2007年）．http://www.mofa.go.jp/mofaj/gaiko/treaty/shomei_32.html
・「特集〈優生保護法〉大阪・東京高裁勝訴！　優生被害救済と差別解消，全面解決への道」賃金と社会保障No.1807・1808合併号（2022年）．
・樋口陽一．(1994)．「人権主体としての個人——“近代”のアポリア——」憲法理論研究会編『人権理論の新展開』敬文堂．

・DeJong, G.. (1983). Defining and implementing the independent living concept. Crewe, N.M. & Zola, I.K. (Eds.). *Independent living for physically disabled people.* People with Disabilities Press.
・Quinn G. and T. Degener. 2002. Human Rights and Disability, United Nations.
・Schachter, O.. (1983). Human Dignity as a Normative Concept. 77(4) *American Journal of International Law* 848.

15 万人のための社会を創る

松井彰彦・川島　聡

《目標＆ポイント》 ここまでの章では，経済学と法学の両観点から，障害者の自立に資する制度を考えてきた。本書の前半は，経済学的観点からインフォーマルな制度（慣習）に焦点を当て，障害の問題が社会の問題となるメカニズムを読み解いてきた。後半は，フォーマルな制度（法）の機能を検討してきた。

そして本書は，障害学にいう社会モデルを発見道具（heuristic device）として用いて，医学モデルの下では得られない有益な知見を獲得しながら，障害者の自立（自律できる状態）を妨げる制度（慣習，法）をどう変えるべきか探ってきた。

この第15章では，自律（自己決定，自己選択）と包摂との相克という問題を取り上げて，障害者の自立を妨げる制度を問い直し，障害者も非障害者も含む「万人のための社会」をどのように創っていくかを論じる。

《キーワード》 包摂，自律（自己決定，自己選択），自立，一般制度，特別制度，フォーマルな制度，インフォーマルな制度，マジョリティ，マイノリティ

1. 自律と包摂との相克

福祉的就労の選択

障害者の中には，さまざまな事情で，一般就労ではなく就労継続支援A型事業所（以下，A型事業所）を希望する人がいる。本章の筆者の一人である川島らが2020年10月に岡山県内で行ったインタビューを見てみよう。

Aさんは23歳から自動車ディーラーで働いた。しかし，30代後半で若

年性アルツハイマーを発症し，自主退職した。Ａさんは，もともと販売ノルマ，休日出勤，残業の多さに限界を感じていたところだった。退職後は，電話受付や製造工場に勤務した。しかし，症状のため仕事を覚えられず，いずれも３カ月程度で退職した。その後，しばらくしてハローワークから紹介されてＡ型事業所で働き始めた。仕事内容はクリーニングや製造である。Ａ型事業所では，自動車ディーラー勤務時と比べると，給与は３分の１に減ったが，自分の適性に合った仕事ができて，自宅からも比較的近くで働ける。再び一般就労で働きたい気持ちもあるが，一般就労のレベルがわかっているので，今の自分には難しいという。

以上の例にあるＡさんは，自動車ディーラーという一般就労から離れて，Ａ型事業所という福祉的就労を選択した。一般就労は一般の企業や官公庁における就労をいう。これに対して，福祉的就労は一般就労から分離された就労形態で，障害者のみを対象とする。Ａ型事業所で働く障害者は，就労系の障害福祉サービスの利用者として位置づけられる。原則として雇用契約を結び，福祉的支援を受けながら働くことができるところにＡ型事業所の特徴がある（**第12章**）。

Ａさんのように障害をもったことを契機にＡ型事業所を利用するようになった人を含め，福祉的就労を選択する障害者は少なくない。実際，川島他（2022）が岡山県内で実施した調査によると，Ａ型事業所を利用する障害者（精神障害者と知的障害者）の80％以上が，現在と同じＡ型事業所で就労を継続したいという希望を持っていた（**図15-１**）。逆に，Ａ型事業所の利用者のうち一般就労に移りたい人の割合は調査対象者全体の７～10％程度であった。

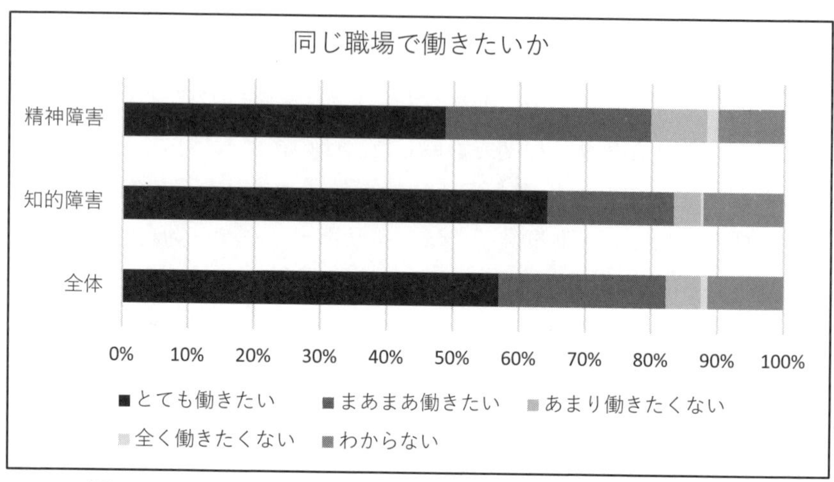

図15-１　Ａ型事業所利用者のアンケート結果（川島他2021）[1]

一般就労への包摂

以上で見たように，Ａ型事業所は障害者にとって重要な就労選択肢の１つである。しかし，国連の障害者権利委員会は，そのような福祉的就労を否定的に評価する。すなわち，同委員会の対日総括所見（**表15-１**）は，日本では福祉的就労から一般就労への移行が進んでいないから，もっと日本は努力して移行を早く進めなさい，と勧告している（**第12章**）。なお，対日総括所見にいう「作業所及び雇用に関連した福祉サービス(sheltered workshops and employment-related welfare services)」を利用した就労は福祉的就労を意味する。「開かれた労働市場（open labour market)」での就労が一般就労である。

1　2020年11月４日から2021年10月31日にかけて，特定非営利活動法人就労継続支援Ａ型事業所協議会会員である82のＡ型事業所（すべて岡山県内）あてにアンケート調査票一式を郵送して，Ａ型事業所のご協力の下で，Ａ型事業所を利用されている精神障害（発達障害を含む）又は知的障害のある方約1500名を対象にアンケート調査を実施し，計40の事業所（返送率は約49％）より計403名の回答票（回答率は約27％）を返送いただいた。有効回答数は403票である。

表15-１　対日総括所見（抜粋）（UN Doc. CRPD/C/JPN/1，和文仮訳）

57. 委員会は，以下を懸念する。
(a) 低賃金で，開かれた労働市場への移行機会が限定的な作業所及び雇用に関連した福祉サービスにおける，障害者，特に知的障害者及び精神障害者の分離。

58. 委員会は，一般的意見第8号（2022年）を想起しつつ，持続可能な開発目標のターゲット8.5に沿って，以下を締約国に勧告する。
(a) 障害者を包容する労働環境で，同一価値の労働についての同一報酬を伴う形で，作業所及び雇用に関連した福祉サービスから，民間及び公的部門における開かれた労働市場への障害者の移行の迅速化のための努力を強化すること。

このように，障害者権利委員会は障害者の一般制度への包摂を求めている。では，一般就労ではなく福祉的就労を選ぶという障害者の自己決定・自己選択（自律）をどう考えるべきであろうか。たしかにＡさんが一般制度から排除されたのは，Ａさんが特別制度を自分で選択したからである。Ａさんの代わりに他人が決めてしまったわけではない。この意味では，Ａさんに不利益は発生していないようにも見える。しかしＡさんは，一般制度に包摂されていないという意味では不利益を受けていることに違いはない。

ここで問題となっているのは，Ａさんの選択（自律）と包摂との相克である。障害者が自分で特別制度を選択するという自律の価値と，障害者が一般制度に包み込まれるという包摂の価値とがぶつかりあっているのだ（**図15-２**）。

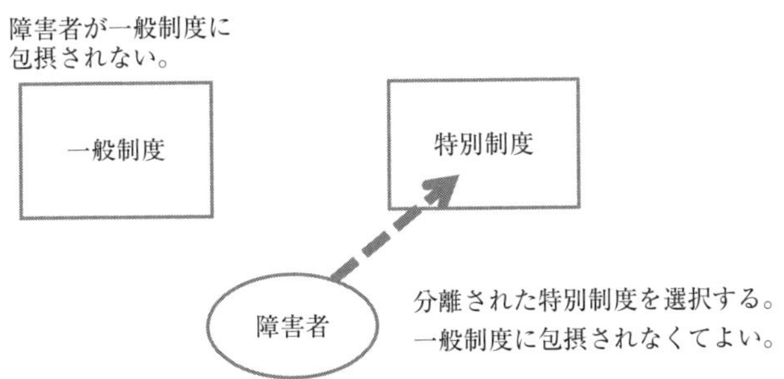

図15-２　選択と包摂との相克

障害者権利委員会の勧告内容を見ると，福祉的就労から一般就労への移行のみならず，特別支援学校から通常の学校への移行も（**第11章**），施設生活から地域生活への移行も（**第13章**），今日における日本の大きな課題となっていることがわかる。本章では，福祉的就労を具体的な素材として論じているが，ここでの議論は特別支援学校や施設生活にも基本的に妥当し，障害者が特別制度（福祉的就労，特別支援学校，施設生活）を選択することによって一般制度（一般就労，通常の学校，地域生活）から排除されるというジレンマを問題にしている。

本章は，そのような一般制度からの排除という不利益は障害者が自ら選択して生じたのだから仕方がない，という単純な結論を支持しない。では，障害者が特別制度を選択したがために一般制度への包摂が実現しない，という自律と包摂との相克又はジレンマは，どのようにして解消していくべきであろうか。

この問いを考える際に本書が重視しているのは，一般制度から分離した特別制度を障害者が選択する理由として，一般制度が障害者にとって選択に値するものではなく魅力を大きく欠いている可能性がきわめて高い，という問題である。こうした問題に照らすと，今日の政策的な課題としては，障害者が選択したくなる魅力のある一般制度を創っていくことだと一応言えるであろう。では，そうだとしたら，障害者が選択したくなる一般制度をどのように創ることができるのであろうか，またそのような一般制度は非障害者にとってはどのような意味があるのだろうか。次節では筆者らが関わった一つの事例を紹介しながらこの問題を考えていきたい。

2. 東京大学の法人化と障害者雇用

障害者が一般制度に包摂されるためには，障害者のための特別制度が，一般制度に包摂されることが有効である。そして，一般制度が特別制度（の一部）を矛盾なく包摂していく過程は，当初本質的と考えられた要件が非本質的であるとされていく過程でもある。本節は，東京大学の在宅就労制度を例にとって，この過程を見ていこう。

2004年4月1日，東京大学はじめ国立大学は，前年度に制定された国立大学法人法に基づき，国立大学法人となった。法人格を得たことで，各大学は障害者の雇用義務を負うことになった。他の独立行政法人と同様，法定雇用率2.1％の雇用義務が課されることとなったのである。民間事業所の法定雇用率1.8％よりも高めの雇用率だが，障害者雇用率が法定雇用率に達しなかった場合に民間事業所に課される納付金は，国立大学法人や独立行政法人には課されない。

当時の東京大学の障害者雇用率は約1.4％と，法定雇用率を大きく下回っていた。そのため，東京大学はハローワークから指導を受けることとなる。障害者雇用を推進するため，バリアフリー支援室内にワーキンググループ（WG）が作られた。当時のメンバーにいたのは，福島智准教授，長瀬修准教授（いずれも当時），そして筆者の一人である松井（当時，教授・総長補佐）である。

障害者雇用推進WGは人事部，財務部，施設部と共同作業を行った。しかし，その作業は遅々として進まなかった。この時点では，学内で障害者雇用の重要性が共有されていたとは言い難い。突破口は「鶴の一声」であった。

東京大学には「補佐会」という会議が週1回のペースである。何週間か続けて，障害者雇用の現状や推進の必要性を伝えていると，あるとき小宮山宏総長が事務長に，「なぜ障害者雇用の問題が出てきたのか。法人化か」とその理由を問うた。事務長が「その通りです」と答えるや否や，総長は「進めろ」と一言発し，次の議題に移った。

その一言ですべてが変わった。各事務部は障害者雇用推進に向かって動き出したのである。一度軌道に乗るや，必要な財政措置，パイロット部局の選定などが滑るように進んでいった。

大学本部が環境整備チームを立ち上げ，10名超の知的障害者を雇用した。松井の所属する経済学部はパイロット部局に指定され，知的障害者２名を雇用した。さらに，障害者雇用を推進するために，在宅就労制度が作られ，松井研究室で３名の重度身体障害者を雇用するに至ったのである。

支援の三角形

ここで財政措置等について述べておこう。障害者雇用を東京大学において推進するためには，まず特別制度から入る必要があった。バリアフリー支援室の支援一般の業務と接合させるために「支援の三角形」という方針が打ち出された（**図15-３**）。

法人化後は大学本部が予算配分などの力を握った。それによって，障

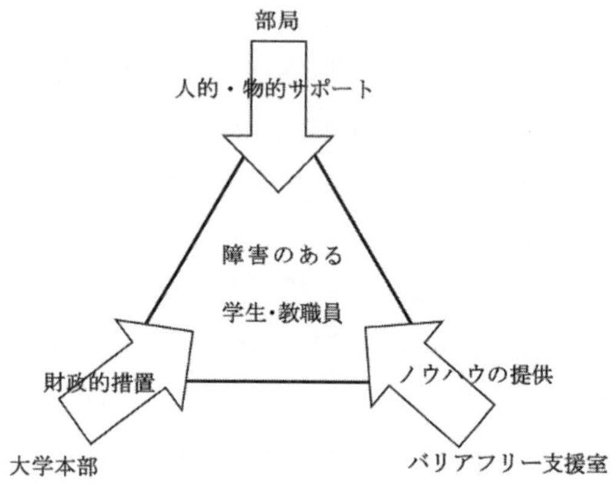

図15-３　支援の三角形

害者雇用の財政措置は大学本部が行うことが適当との考えが生まれた。障害者雇用は法人全体の責務であり，各部局に雇用を強制するのは筋ではないからである（おそらく反発が強くなる）。

一方，実際に障害者を雇用するのは部局である（本部での雇用もある）。部局とは経済学研究科など大学を構成するユニットで研究や教育といった大学の本来業務は基本的に部局で行われる。部局とは教育・研究の現場であるといってもよい。その現場が障害者雇用を行うとすれば，人的・物的サポートは（本部の雇用部門も含めた）部局が担わざるを得ない。

さらに，これを支えるためのノウハウの提供が必要となる。それを担うのがバリアフリー支援室である。東京大学の支援室は他大学の多くの対応する部署と異なり，学生のみでなく，教職員の支援も行っている。支援室がノウハウの提供を行うこととなり，障害者の支援の三角形が完成した。

在宅就労制度

障害者と一般制度はなじまないと言われる。それが「障害者」の定義といっても過言ではない。しかし，障害者が一般制度になじまないのではなく，現行の一般制度が障害者になじまないのかもしれない。すなわち，一般制度を変えれば現在「障害者」と呼ばれている人を一般制度に包摂することができる可能性がある。しかし，現状ではまだ距離がある。まずは特別制度を作り，これを一般制度に接合していくことも可能ではないか。このような考えに基づいて生まれたのが在宅就労制度であった。

コロナ禍で在宅勤務が増えたことからもわかるように，現代社会において通勤は勤務のための必須の行動とは限らない。とくにホームページ管理やデータ処理作業などは自宅等でも行える。通勤は本質的な活動ではないのである。

一方，重度障害者の中には通勤ができないために就労ができない人々がいる。一般制度から「『職場』で就業しなくてはならない」という条項を外すことができれば，重度障害者も一般制度の中で他の非障害者と同様に就労できる。

しかし，その準備は2000年代の東京大学にはできていなかった。通勤は本質的な要件と考えられていたからである。そこで，まずは特別条項を一般制度に入れ込むことになった。すなわち，重度の身体障害者で通勤が困難な者に限り，在宅勤務を認めるというものである。当時，障害学者の間では常識となっていた「合理的配慮」も障害と関わりのない非障害者には馴染みのない概念で，結果的に，障害者のための在宅就労制度という特別制度を設けて，障害者雇用に結びつけるという形態を採ったのである。

では，具体的にどのような人材が社会の中に埋もれており，それをいかにして見出したか。松井研究室で働いている在宅就労者の一人の公開エッセイ（大関，2020）を元にそれを見ていこう。

事例：多発性硬化症と就労

大関智也さんが難病である多発性硬化症を発症したのは，化学系の大学院の学生のときだった。洗っていたフラスコを落としてしまったのが最初の兆候だったという。「学生といっても博士課程であるから，とにかく研究で成果を出さないと意味がない。難病でも体調が悪くても体が動かなくても，求められるのは結果のみである」。「苦しいのに何でオレばかり？と思う時期もあったわけだが，今思えばこの時期が一番気楽だったのかもしれない。病気も障害も人種も性別も年齢も関係ない，そんな世界なので」と言う。さらに，少し，彼のエッセイを引用しよう。

研究生活は体調のこともありなかなか進まない時期もあったが，それでも論文をまとめて卒業のめどは立った。しかし病気が進行して歩くことがつらくなってきた。駅から３分の距離を休憩しないといけなくなった。大通りの信号が青になった瞬間に渡り始めても，赤になるまでに渡り切れなくなった。ちょうどその頃障害者手帳を取得し，タクシー券の補助も出たので，最後は校舎の入り口までタクシーで乗り付けて通っていた。

そんなボロボロの状態であったが，なんとか博士論文の審査に合格し，卒業することができた。まだ「合理的配慮」など全くない時代，唯一受けた配慮は，30分話した論文発表で椅子を用意してもらったことだった。

ようやく，博士号を取得した大関さんを待ち受けていたのは，より厳しい現実だった。

こうして大学を卒業して念願の博士になることはできたのだが，就職先は決まっていなかった。在学中にも就職活動をしていたが全滅だったし，年齢制限ギリギリで受けた公務員試験も面接で落ちた。

改めて障害者枠での仕事を探すのであるが，今から15年も前の超氷河期である。障害者向けの就職セミナーに行っても，面接にたどり着くことすら一つもなかった。何度か行って分かったことだが，車いすの人と白杖の人（視覚障害者）は始めから相手にされていない。企業が求めていたのは「会話のできる」聴覚障害者だけだった。

ブースに「新卒の聴覚障害者のみ受け付けます」と張り紙をしていたところもあった。〈中略〉

企業としては設備投資も配慮も一切不要の「障害者手帳を持って

いる人」が一番便利なので，そういう人だけが必要とされるのだと悟った。何度セミナーに行っても無駄だという結論に達し，行くことをやめた。

こうなると人生そのものをあきらめ，あとは抜け殻のような生活を送るだけであるが，数か月たったある日，区の広報で見つけた「IT技術者在宅養成講座」に応募し，採用された。

ここから2年間受講し，コンピュータのことについていろいろ学びながら，初級シスアドと基本情報技術者の試験に合格したが，病状としてはこの時期が最悪であった。支えがなければ立ち上がることも歩くこともできない。少しでも体温が上がれば動くことすらままならない時もあった。原因は当時の最新治療，インターフェロンが私には逆効果であったためだった。

紆余曲折はあったが，２年間の在宅講座を終え，その１年後に紹介されたのが今の職場である。

博士号取得から数年経てようやくたどり着いたのが，「今の職場」，すなわち松井研究室だった。満足な待遇を与えられないことに忸怩たる思いはあるが，大関さんの仕事はいつも正確で，大変助かっている。彼の考え方のおかげもあろう。曰く，「普段の仕事をざっくり書いてしまうと，『研究室にかかわるもので，パソコンを使ってできるものは何でもやる』ということである。その中には研究発表や論文で使う資料等の作成もある。在宅業務なので仕事場も遊び場も同じ環境なのだが，いいかげんなものは絶対に作れない」。

通勤を課すことは業務を遂行する上で非本質的な点に関する要求である。社会に埋もれている有為な人材を見出すためにも非本質的な要求を課していないか。われわれは一般制度を常に見直していかなくてはならないのである。

3. 特別制度から一般制度への昇華

在宅就労制度を作ったとき，東京大学人事部はこの制度の活用が一般的に進むことに対する懸念を表明した。そこで就労規則に入れられたのが，「通勤して勤務することが著しく困難な身体の障害を持つ教職員に対して，別に定めるところにより，通常の勤務場所として，自宅等における勤務を許可することができる」という規定である。単なる「障害」ではない。「通勤して勤務することが著しく困難な身体の障害を持つ教職員」でなければ在宅就労が認められない状況だったのである。

この段階では，人事部の見解では通勤は職務の非本質的な点であるとはされていない。通勤はあくまでも本質的な点であって，「異なる者を異なって扱え」という例外規定（特別制度）を設けているのである。

この観点に立てば，在宅就労制度は，「一般制度とは異質な特別制度」ということになる。この制度を「一般制度と同質の特別制度」として組み入れる―通勤できない障害者を包摂する―ためには，通勤を（少なくとも一部の職種に関しては）「一般制度にとって非本質的な点」にしていく必要がある。

そして，通勤が「一般制度にとっての非本質的な点」になってしまえば，すなわち在宅勤務が一般の就労形態にとっては非本質部分になってしまえば，通勤できないことはもはや一般就労の必須要件とはならないのである。安倍元政権におけるキャッチフレーズ「一億総活躍」などによって，育児・介護等と就労の両立の必要性が社会的に叫ばれるようになると，在宅就労制度という特別制度の一般制度への拡充が検討され，実現された。通勤は必ずしも本質的な要件ではないとされ，多くの通勤が「障害」となる人々が在宅就労制度の対象となるに至った。

この動きはコロナ禍によって突然拡大した。2022年度現在では障害者・非障害者を問わず（一時的ではあるが）在宅就労ないし在宅と通勤のハイブリッド型の就労を行っている。このことは通勤が少なくとも一部の職種・業務にとって非本質的な要件であったことを示している。現在の東京大学の就労規則には，表のような条項が挿入されている。

表15-２　東京大学教職員就業規則（2020，抜粋）

第13条の２　次の各号に掲げる事由に該当する教職員が，一定期間，通常の勤務場所を離れて当該教職員の自宅又はこれに準ずる場所における勤務（以下「在宅勤務」という。）を希望し，業務その他の都合上必要と認められる場合には，別に定めるところにより，在宅勤務を命じることがある。ただし，第３号の事由（妊娠の場合を除く。）に該当する教職員に在宅勤務を命じる場合には，あらかじめ，産業医又は大学法人が指定する医師の意見を聴くものとする。 （１）小学校第６学年を終了する年の３月末までの子を養育していること。 （２）東京大学教職員休業規則（平成26年東大規則第81号）第８条第１項に規定する要介護状態にある家族（同条第２項に定める対象家族をいう。）の介護又は世話を行っていること。 （３）障害，負傷，疾病又は妊娠により通勤が困難であると認められること。 （４）地震，水害，火災その他の災害又は交通機関の事故等により出勤することが困難であると認められること。 （５）その他在宅勤務を行うことにより，業務の生産性，効率性の向上等が見込まれること。 在宅勤務により発生する水道光熱費，情報通信機器を利用することに伴う通信費その他の経費については，原則として在宅勤務を行う教職員の負担とする。
３　第１項の在宅勤務を命じられた教職員が，同項各号の事由に該当しないこととなったとき，又は業務その他の都合上適当でないと認めるときは，在宅勤務の取りやめを命じるものとする。
４　前３項の規定にかかわらず，通勤して勤務することが著しく困難な身体の障害を持つ教職員に対して，別に定めるところにより，通常の勤務場所として，自宅等における勤務を許可することができる。

「万人のための社会」を創っていく際の１つの具体的な方法は，合理的配慮の概念（より一般的には差別禁止の概念）を用いて，事柄の性質（本質部分と非本質部分）を問い直すことである。

課題

鳴り物入りで始まった在宅就労制度だが，もちろん課題は山積している。最大の課題は肝心の障害者の在宅就労が進まないことである。制度導入から10年以上経った2022年度における在宅就労導入例は１件（３名）のみである。

さらに，大学本部による資金の手当てもミニマルなものだけで，昇給も基本的にない（これは経済学部事務の尽力と本部事務の寛容さにより，一部改善された）。１か月に１回の定例ミーティングの際の大学への出勤の交通費も出ない（実際は松井研究室で手当てしている）。これだけ見ても他の職員と同列に扱われているとは言い難い。しかも，本部からの手当てがいつなくなるかという綱渡りの中での継続雇用である。

在宅就労制度の対象が重度障害者から多くの非障害者に拡大されたという意味では，この制度は一般制度に組み込まれていると考えることができる。しかし，その他の障害者就労条件を見ると，割当雇用制度を通じて雇用された障害者はなお一般制度から排除されたままとなっている。

今後，在宅就労制度が一般制度に組み込まれ，障害者が一般制度に包摂されると言えるためには，在宅就労を行っている障害者の待遇改善が必須となるであろう。

4. おわりに

一般制度への包摂に向けて

近年,「教育の質を高めよう」とか「労働の質を向上させよう」と盛んに論じられている。そのような教育や労働といった社会制度の質を高める契機をもたらすのは，実のところ障害者をはじめとしたマイノリティである。障害者に対する合理的配慮に誠実に取り組むことが，社会制度の質（教育制度の質，就労制度の質，市場制度の質を含む）を高めることになる。合理的配慮は，本質部分と考えられてきたものが，実のところ，非本質的であるということを発見する装置になるからである。

たとえば，障害がある学生の中には文字を書くことがきわめて難しい人もいる。ある授業で教員が「授業の課題のレポート提出は手書きものに限られる」としたため，その学生は合理的配慮として，パソコンでレポートを作成したいと申し出たところ，教員に断られた。教員は，これまでレポートは手書きが当たり前だったとか，手書きこそが学習効果を高める，などと学生に理由を伝えた。

もっとも，手書きが一律にレポート作成（事柄）の本質部分であるかと問われれば，そうではなかろう。つまり，手書きはレポート作成の非本質部分となっていることがほとんどではないだろうか。自身の思い込みやこれまで続いた慣習にただ従うのではなく，レポート作成にとっての本質部分とは何かを丁寧に検証して，その本質部分をよりよく実現できるような制度のあり方を新たに生み出すべきではなかろうか。手書きか否かは，トリヴィアル（些末）なことなのである。

このように，レポートは手書きに限るという慣習（制度）は，たいていの場合，客観的に見て何の意味もないルールである。そのルールは，パソコンを普段から使用している障害がない人にも負担を強いるであろう。そのルールを廃止して，事柄の本質部分をよりよく実現できるような制度を新たに生み出すことが，障害のある学生にとっても障害のない学生にとっても有益となるのである。

この意味で，障害者の不利益を減らすために制度を見直すことは，万人のための社会に資する。つまり，障害がない人（マジョリティ）の生活の場である社会の「質」を高める際の契機となるのは，その社会から排除されてきた障害がある人（マイノリティ）なのである。障害者のための合理的配慮に社会が誠実に取り組むことが，さまざま制度（教育制度，就労制度，市場制度など）の「質」を向上させることになる。なぜなら，障害者が合理的配慮を求めることは，事柄の本質部分であると従来漠然と思われていたことが，実のところ事柄の非本質部分であったことを人びとに気づかせる契機となるからだ。

どの社会においても，しばしばマジョリティはマイノリティを排除するという方法をとって社会を作ってきた。しかし，その方法が結果的にマジョリティにとっても生きにくい社会を作ってきたのではないか。実際，手書きのレポート作成のように，必須とは言えない規制やルール，慣習が多すぎるのではないか。もしそうであれば，それによって人びとの選択肢の幅は狭くなっている。つまり，みんなの自立（自律できる状態，自ら選択・決定できる状態）が制約されているのである。

何が本質的な点で何が非本質的な点かは時代や文化によって変容する。障害者のための特別制度が一般制度に昇華していく過程は，これまでの（必須とみられた）本質的な点が（必ずしも必須とは限らない）非本質的な点になっていく過程でもある。そして，それは人々がより生きやすくなっていく過程でもある。今後，本質的とされてきた点を一つひとつ点検していくことが，障害者の社会包摂のための効果的な方法として，重要となってくるであろう。

その過程を通じて，マイノリティがマジョリティの生活・就労等の質を上げることにもなるだろう。東京大学の在宅就労制度は，マイノリティである重度障害者のための就労制度として始まったが，今ではコロナ禍の影響もあって，マジョリティのための制度となっている。特別制度から一般制度に昇華していくことで，社会全体の質もまた向上していくことになる。

従来の障害者福祉で展開された特別制度は一般制度とは異質なものであった。それ自体，社会にとって必要なものであることに変わりはないが，2016年に障害者差別解消法が施行されたことによって，障害者を対象とする特別制度が一般制度と同質なものとなる途が大きく拓けた。この途は障害者の一般制度への包摂のみならず，社会の質向上へとつながる。

フォーマルな制度とインフォーマルな制度

制度のもう一つの分け方，フォーマルな制度とインフォーマルな制度の話をしておこう。

2010年代に，障害者権利条約の批准，障害者基本法の改正，障害者差別解消法の制定など障害者の一般制度への包摂に向けたさまざまなフォーマルな制度が整った。これによって，私たちの慣行や規範といったインフォーマルな制度はどこまで変わったのであろうか。

第２章の水増し雇用問題で見たように，フォーマルな制度を構築してもインフォーマルな制度がそれに追いつかなかった例は枚挙にいとまがない。ここで第３章で紹介したアダム・スミスの言を再掲しておこう。

「主義を信奉する人間は，自分は非常に賢いと思い上がりがちである。自らが練り上げた理想的な統治計画の想像上のすばらしさに夢中になるあまり，そのごく一部の些細な逸脱にも我慢できないことが多い。計画を細部にいたるまで完全に実行しようとし，対立する可能性のある重大な利害関係や強い偏見をも一顧だにしない。あたかもチェス盤で駒を自在に動かすように，大きな社会のさまざまな成員を簡単に並べ替えられると考えているように見える。だが，盤上の駒が従うのは手が加えた運動の法則だけだが，人間社会というチェス盤では，一つひとつの駒が独自の力による運動の法則に従うことを忘れているのだろう。それは，立法府が押し付けようとするものとはまったくちがうこともある。二種類の運動の法則が一致して同じ方向に働くなら，人間社会のゲームはなごやかにすんなりと展開し，めでたく上がりにたどり着くだろう。逆に両者が対立したり衝突したりすれば，ゲームはぶざまに混乱を来たし，社会はまちがいなく無秩序のきわみに達するにちがいない」(『道徳感情論』第6部「徳の性格について」pp.501-502)

インフォーマルな制度が変わっていかなければ，フォーマルな制度だけでは社会は変わらない。しかし，フォーマルな制度がインフォーマルな制度に影響を与えるということはある。東京大学の障害者雇用も障害者の法定雇用率制度がなければ進まなかったであろう。

為政者がフォーマルな制度の作り手だとすれば，インフォーマルな制度の作り手は私たちみんなである。付言すれば，今や障害者に係る法制度を作る際には官僚や政治家などの為政者だけではなく，障害当事者も多く関わっている。万人のための社会はみんなで創るもの。そのことを胸に刻んでいただければ本書の目的も半ば達成されたと言ってよい。

学習課題

・特別制度の一般制度への昇華に関する例として（本文中に挙げたもののほかに）どのようなものがあるか，考えてみよう。

参考文献

・アダム・スミス．(2014)．『道徳感情論』村井章子・北川知子訳，日経BP社.
・川島聡，松井彰彦，長江亮，大関智也，冨田佳樹，丹羽太一，塔島ひろみ，木村真紀，難波まゆみ．(2022)．『岡山県における就労継続支援A型事業所の利用者の就労実態等の解明等のための調査の結果概要報告書』.
・松井彰彦，川島聡．(2021)．「制度の隙間をなくす」経済分析203号，59-83.
・UN Doc. CRPD/C/JPN/1 (2022), Concluding observations on the initial report of Japan (https://www.mofa.go.jp/mofaj/gaiko/jinken/index_shogaisha.html：和文仮訳)

索 引

●配列は五十音順，＊は人名を示す

●さ　行

●た　行

●な　行

著者紹介

（執筆の章順）

松井　彰彦（まつい・あきひこ）

・執筆章→1・2・3・4・5・6・7・8・15

1962年　東京都に生まれる
1985年　東京大学経済学部卒
1990年　ノースウエスタン大学 M.E.D.S., Ph.D.,
同　年　ペンシルバニア大学経済学部助教授
筑波大学社会工学系助教授，東京大学大学院経済学研究科助教授を経て
2002年　東京大学大学院経済学研究科教授，現在に至る
日本経済学会会長，東京大学経済学研究科副研究科長在任中に心サルコイドーシスにより入院，障害者手帳を取得。日経・経済図書文化賞（『慣習と規範の経済学』に対して），日本学術振興会賞，日本学士院学術奨励賞，日本経済学会中原賞受賞。エコノメトリック・ソサエティ，カウンシル・メンバー（評議員），およびフェロー（終身特別会員）
主な著書　慣習と規範の経済学―ゲーム理論からのメッセージ（東洋経済新報社）
市場の中の女の子―市場の経済学・文化の経済学（PHP研究所）
高校生からのゲーム理論（筑摩書房）
市場って何だろう―自立と依存の経済学（筑摩書房）

川島　聡（かわしま・さとし）

・執筆章→1・8・9・10・11・12・13・14・15

1974年　東京都に生まれる
2005年　新潟大学大学院現代社会文化研究科博士課程修了。博士（法学）
現　在　放送大学教授
専　攻　障害法，国際人権法
主な著書　障害者権利条約の初回対日審査（共編著）（法律文化社）
国際人権法の考え方（共著）（法律文化社）
障害者権利条約の実施（共編著）（信山社）
合理的配慮（共著）（有斐閣）
障害法（共編著）（成文堂）
障害学のリハビリテーション（共編著）（生活書院）
障害者の権利条約と日本（共編著）（生活書院）
Creating a Society for All: Disability and Economy, Co-Editor, Disability Press
障害を問い直す（共編著）（東洋経済新報社）
概説 障害者権利条約（共編）（法律文化社）
障害者の権利条約（共編著）（明石書店）

放送大学教材　1519492-1-2411（テレビ）

障害者の自立と制度

発　行　　2024年３月20日　第１刷
著　者　　松井彰彦・川島　聡
発行所　　一般財団法人　放送大学教育振興会
〒105-0001　東京都港区虎ノ門1-14-1　郵政福祉琴平ビル
電話 03（3502）2750

市販用は放送大学教材と同じ内容です。定価はカバーに表示してあります。
落丁本・乱丁本はお取り替えいたします。

Printed in Japan　ISBN978-4-595-32468-0　C1336